essentials

essentials liefern aktuelles Wissen in konzentrierter Form. Die Essenz dessen, worauf es als „State-of-the-Art" in der gegenwärtigen Fachdiskussion oder in der Praxis ankommt. *essentials* informieren schnell, unkompliziert und verständlich

- als Einführung in ein aktuelles Thema aus Ihrem Fachgebiet
- als Einstieg in ein für Sie noch unbekanntes Themenfeld
- als Einblick, um zum Thema mitreden zu können

Die Bücher in elektronischer und gedruckter Form bringen das Fachwissen von Springerautor*innen kompakt zur Darstellung. Sie sind besonders für die Nutzung als eBook auf Tablet-PCs, eBook-Readern und Smartphones geeignet. *essentials* sind Wissensbausteine aus den Wirtschafts-, Sozial- und Geisteswissenschaften, aus Technik und Naturwissenschaften sowie aus Medizin, Psychologie und Gesundheitsberufen. Von renommierten Autor*innen aller Springer-Verlagsmarken.

Weitere Bände in der Reihe http://www.springer.com/series/13088

Anne Rosken

Disability Management

Eine Einführung in die partizipative
Arbeitswelt

Anne Rosken
Hamburg, Deutschland

Mit einem Textbeitrag von Donal McAnaney, Ireland

ISSN 2197-6708 ISSN 2197-6716 (electronic)
essentials
ISBN 978-3-658-33333-1 ISBN 978-3-658-33334-8 (eBook)
https://doi.org/10.1007/978-3-658-33334-8

Die Deutsche Nationalbibliothek verzeichnet diese Publikation in der Deutschen Nationalbiblio-
grafie; detaillierte bibliografische Daten sind im Internet über http://dnb.d-nb.de abrufbar.

Planung/Lektorat: Ann-Kristin Wiegmann
Springer Gabler ist ein Imprint der eingetragenen Gesellschaft Springer Fachmedien Wiesbaden
GmbH und ist ein Teil von Springer Nature.
Die Anschrift der Gesellschaft ist: Abraham-Lincoln-Str. 46, 65189 Wiesbaden, Germany

Was Sie in diesem *essential* finden können

Historische Entwicklung und Ursprung des Disability Managements. Gesetzliche Grundlagen des Disability Managements. Die Bedeutung eines essentiellen Perspektivenwechsels für das Disability Management. Partizipation und Arbeitswelt. Voraussetzungen für ein gelingendes Disability Management. Mögliche Hürden, die den Prozess begleiten, aber auch Vorteile werden diskutiert.

Vorwort

Diese Buchidee entstand im Rahmen meiner langjährigen Tätigkeit als Professorin, Unternehmensberaterin sowie Coach. In zahlreichen wissenschaftlichen Untersuchungen und Beratungsprojekten zum Thema Disability und Disability Management konnte ich wiederkehrend mangelndes Bewusstsein und auch Know-How eruieren. Leider ist damit die Erkenntnis verbunden, dass Disability nach mehr als einigen Jahrzehnten immer noch ein Randthema in unserer Gesellschaft und in der Arbeitswelt darstellt. Insbesondere wenn Wirtschaft und Gesellschaft in „Krisis" sind. Die aktuelle Corona Pandemie demonstriert diesen Sachstand einmal mehr prominent. Die hier vorliegende Neuerscheinung möchte einen ersten Einblick und Überblick in das Thema verschaffen. Sie liefert Grundlagen, Vorteile und Konzepte für eine erfolgreiche Implementierung, möchte für das Thema sensibilisieren und zeigt die z. T. unvermeidlichen Widerstände und Schwierigkeiten auf. In einem zusätzlichen Kapitel resümiert Donal McAnaney die kanadischen Disability Standards, welche gleichfalls eine gute Grundlage für ein gelingendes Disability Management darstellen. Dieser Band erhebt keinen Anspruch auf Vollständigkeit, möchte dennoch die wichtigsten Aspekte in kurzer Form darbieten und einen Einstieg und einen Anstoß geben, sich mit dem Thema zu beschäftigen. Er eignet sich für alle Fach- und Führungskräfte, Personalverantwortliche, Disability Manager, Studierende, Wissenschaftler und alle Interessierte.

Anne Rosken

Inhaltsverzeichnis

Einleitung 1

Die Disability Studies sind ein recht junger Wissenschaftsansatz. Sie fußen auf den Anstrengungen der internationalen Behindertenbewegung. Die internationale „Independent Living"-Bewegung zeigte auf, dass Behinderung mittels gesellschaftlicher Konstruktionen, Zuschreibungen, Bedingungen und Ausgrenzungen entstehen. Somit rühren die tatsächlichen Probleme von Menschen mit Beeinträchtigung nicht aus individuellen Konstitutionen. Jene Perspektive bildete die Voraussetzung für das soziale Modell und später für das menschenrechtliche Modell von Behinderung. Der Ursprung entstand zeitgleich von Wissenschaftlern mit einer Beeinträchtigung in den USA und in Großbritannien und grenzt sich stark vom vorherrschenden medizinischen Modell ab. Letzteres begreift Behinderung als eine individuelle, krankhafte Störung. Das soziale und menschenrechtliche Modell hingegen betrachten Behinderung als gesellschaftliche Konstruktion (vgl. Degener 2003, 2015). Gesellschaftliche Benachteiligungen, die mit einer Beeinträchtigung verbunden sind, sind das Resultat gesellschaftlicher Konstruktionsprozesse, auf die das Individuum keinen Einfluss hat. Darunter ist zu verstehen, dass die Gesellschaft „Behinderung" herstellt. Nicht der Mensch ist behindert. Das gibt Anlass zu einer großen Hebelwirkung für Veränderung: Um eine gleichberechtigte Teilhabe an der Gesellschaft für möglichst viele Menschen zu erreichen, muss sich die Gesellschaft ändern (vgl. Waldschmidt 2003, 2007, 2014). Dieses geschieht am besten zunächst in den Köpfen der Akteure, indem sie altbekannte Denkmuster hinterfragen.

Mittels der Disability Studies kann ein adäquater Perspektivenwechsel gelingen. Denn sie machen behinderte Menschen zum Subjekt von Wissenschaft und nicht zum Objekt (vgl. Priestley 2003). Konkret bedeutet es, die Erfahrungen und Haltungen von Menschen mit Behinderung ins Zentrum der Empirie zu stellen. Damit gelingt die Sichtbarwerdung ihrer Bedürfnisse, Sorgen, Ängste und

Empfindungen. Das legt ein essentielles Fundament für die Entwicklung von Produkten, Services und Lösungen, die eine gleichberechtigte Teilhabe am Leben in nahezu allen gesellschaftlichen Bereichen ermöglichen. Dieses Verständnis von Behinderung erlaubt eine Einbeziehung weiterer Professionen. Dazu zählen z. B. Anthropologie, Geschichts- und Literaturwissenschaften aber auch Technik, Architektur und Stadt- und Raumplanung und nicht zuletzt die Ökonomie. Damit wird die Perspektive von Pädagogen und Medizinern um eine Vielzahl erweitert. Gesellschaftliche Konstruktionen von Behinderung sind historisch gewachsen. Überdies unterscheiden sie sich je nach Epoche. Z. B. lassen Kunst und Literatur aktuelle Einsichten in aktuelle gesellschaftliche Sichtweisen von Behinderung zu und somit eine große Bandbreite an Forschungsthemen und Erkenntnissen über ihre Konstruktion.

Obschon in Deutschland seit über 30 Jahren soziale Deskriptionen von Beeinträchtigung vorliegen, hat in Forschung und Lehre bisher kein grundlegender Paradigmenwechsel stattgefunden. Noch immer werden „behinderte Menschen" eher als Objekt denn als Subjekt beforscht, d. h. es mangelt an Studien, welche die Perspektiven der betroffenen Menschen umfassend paritätisch einbeziehen. Damit mangelt es auch an wissenschaftlichen Erkenntnissen, um von dort aus politische und praktische Maßnahmen abzuleiten.

Für die Veränderung gesellschaftlicher Rahmenbedingungen zugunsten von Menschen mit Behinderung ist jedoch das Wissen über und von ihnen erlebten Ausgrenzungsmechanismen essentiell. Nur daraus lassen sich Notwendigkeiten ableiten, die jene benötigen, um ein selbstbestimmtes Leben führen zu können. Menschen mit Behinderung können darüber am besten Auskunft geben. Dabei sind ihre Bedürfnisse etc. höchst heterogen, denn es ist entscheidend zu wissen, dass es nicht „die eine" Disability gibt. Vielmehr existieren vielzählige und differente Beeinträchtigungsarten.

In den Ursprungsländern der Disability Studies, USA und Großbritannien, gibt es bereits eigene Lehrstühle und an einigen Universitäten bereits eigene Institute. Auch in Ländern wie Kanada, Australien, Irland, Norwegen und Frankreich werden Disability Studies mittlerweile gelehrt. In Deutschland hat der Diskurs um die Disability Studies dagegen erst vor kurzem begonnen. Zum Beispiel wurde im Jahr 2002 die Bundesarbeitsgemeinschaft „Disability Studies – Wir forschen selbst" gegründet. Das Ziel ist, die Entwicklung und Implementierung der Disability Studies in Deutschland voran zu treiben. Anschließend wurden Tagungen „Der (im)perfekte Mensch" und „PhantomSchmerz" vom Deutschen Hygiene-Museum, der Aktion Mensch und der Humboldt-Universität Berlin initiiert. Im Jahr 2003 folgte die Sommeruniversität des bifos mit einer Veranstaltung zum

Thema „Disability Studies in Deutschland – Behinderung neu denken!" (Degener 2003, 2015). Auch wenn diese Verbünde einen Austausch ermöglichen, zeichnet sich ab, dass lediglich eine marginale Gruppe das Thema forciert. Aus meiner Sicht reicht das nicht. Vielmehr bedarf es eines generellen Strukturwandels in allen gesellschaftlichen Bereichen und Professionen, um eine „Disability"-angemessene Perspektive einnehmen zu können und für das Thema sensibel zu sein. Wünschenswert ist m. M. n. aus der Perspektive der Abilities zu schauen, sodass Disabilities kein Thema sind. Das setzt voraus, Menschen losgelöst von ihren Beeinträchtigungen nach vorhandenen Fähigkeiten, Möglichkeiten und Potenzialen einzuschätzen.

Die Disability Studies beschäftigen sich im Ursprung mit der Erforschung sozial- und kulturwissenschaftlicher Phänomene unter dem Blickwinkel von Behinderung. Sie gehen folgenden Fragestellungen bzw. Hypothesen nach:

- Was können wir über das Soziale, über Politik, Kunst und Körper erfahren, wenn wir diese Themen mit dem Blickwinkel der Erfahrungen von Behinderung besprechen?
- Welche Kritik ist an historisch gewachsene Normen, Kulturen und Ideale in der Weltgesellschaft aus der Perspektive von Menschen mit Behinderung zu äußern?
- Menschen mit Beeinträchtigungen ist nach wie vor eine uneingeschränkte Teilhabe am gesellschaftlichen Leben erschwert. Der Fokus liegt deshalb auf genau jenen Erfahrungen dieser Personen, um einen Zugang zu den unsichtbaren und erlebten Beschränkungen der Alltagsnormalität zu gewinnen.

Das Forum für transdisziplinäre Projekte lädt Menschen mit und ohne Behinderung aus unterschiedlichen Disziplinen und Tätigkeitsbereichen zum Dialog ein. Behinderung wird – ähnlich wie Geschlecht, sexuelle Orientierung oder Ethnie – als eine Schlüsselkategorie gesellschaftlicher Erfahrung verstanden. Man ist nicht behindert, man wird es. Das Forum orientiert sich an der internationalen Agenda der Disability Studies und an den nationalen und lokalen Diskussionen, Projekten und Innovationen im Bereich Behinderung und Gesellschaft. Es dient der Vernetzung von Akteuren sowie der Förderung des wissenschaftlichen Nachwuchses. Es wird getragen von der Schweizerischen Gesellschaft für Disability Studies (SGDS).

In Deutschland existiert leider immer noch stark die rehabilitationsähnliche Sicht auf Behinderung. Diese folgt dem medizinischen Model, bei dem über den Betroffenen und nicht mit ihm entschieden und gehandelt wird. Auch die Medien tragen zur Festigung dieser Einstellungen bei, indem sie vielfach altbekannte und tradierte Bilder von Menschen mit Beeinträchtigungen zeigen und sie als solche betiteln. Um die Bevölkerung für das soziale Modell zu sensibilisieren bedarf es einer anderen Kommunikation und Öffentlichkeitsarbeit. Nicht Randgruppen sind vorhanden, sondern die Gesellschaft mit ihren Zuschreibungen machen sie zu jenen. Daran schließen sich folgende Fragen an: Gibt es medienbasierte Inszenierungsstrategien, die ein gesellschaftlich habitualisiertes Wahrnehmen oder Ignorieren von Behinderung bestätigen, manifestieren oder provozieren? Besteht die Möglichkeit, Bilder jenseits der Dichotomie von Behinderung und Nicht-Behinderung zu produzieren? Wie können alte, historisch gewachsene Bilder ausgetauscht transportiert werden, um eine Bewusstseinsänderung herbeizuführen (Degener 2003; Waldschmidt 2007, 2014).

Die von der Zeitgeschichte bislang kaum beachtete Analysekategorie „Behinderung" erschließt einen neuen Blick auf komplexe, gesellschaftliche und kulturelle Zusammenhänge in Deutschland. Elsbeth Bösl untersucht die deutsche Behindertenpolitik zum Beispiel unter der Leitfrage „Wie wird die Kategorie»Behinderung« in wissenschaftlichen und politischen Diskursen manifestiert". Die historische Analyse zeigt, dass die Politik bis Mitte der 1970er Jahre primär auf die funktionale Normalisierung von Menschen mit Behinderungen, sowie die Herstellung von Erwerbsfähigkeit und Produktivität gerichtet war.

Machen wir uns noch einmal klar, dass die Disability Studies aus den emanzipatorischen Behindertenbewegungen entstanden sind. Nämlich aus dem Widerstand behinderter Männer und Frauen gegen ihre Ausgrenzung aus dem öffentlichen Leben, zum Beispiel der Heimunterbringung, der Sonderschulen oder der Sonderarbeitsmärkte, selbst vorzugehen. Damit gab es Anfang der 1970er Jahre zunächst in Großbritannien und den USA, später auch in Deutschland Zusammenschlüsse behinderter Menschen, welche sich gegen diese Stigmatisierung wehrten. In den USA schlossen sich 1982 behinderte Wissenschaftler und Aktivisten um den behinderten Soziologen Irving Kenneth Zola zusammen. Sie gründeten die „Society for the Study of Chronic Illness, Impairment and Disability" (SSCIID). Diese Organisation wurde in 1986 in „Society for Disability Studies" (SDS) umbenannt. Etwa zeitgleich organisierten sich britische Forscher um den ebenfalls behinderten Soziologen Michael Oliver. Sie gründeten 1990 mit der Forschungsgruppe „Disability Research Unit" an der University of Leeds (DRU) das erste Institut für Disability Studies in Europa. In 2000 wurde es zum interdisziplinären „Centre for Disability Studies" (CDS) ausgedehnt (Degener 2003; Waldschmidt 2007). Im Ursprung der Disability Studies wird auch die Schwierigkeit für Veränderung erkennbar. Denn Menschengruppen, welche Ausgrenzungen forcieren, scheinen weniger motiviert zu sein, an diesem

Konstrukt etwas zu ändern. Das ist die Mehrheit der Bevölkerung, welche von dieser ausgrenzenden Konstruktion profitiert oder von ihr unberührt bleibt. So können alle systemrelevanten Maßnahmen wie Schulen, Heime, Werkstätten für Menschen mit Behinderung etc. als eigene Profitcenter angesehen werden, die selbstverständlich auch versuchen werden, ihren Erhalt zu sichern.

Wie bereits konstatiert, haben sich die Disability Studies zu einem eigenen Fachgebiet entwickelt, das u. a. in den USA, Kanada, Australien, Großbritannien, Irland, Frankreich, Schweden, Norwegen als Bestandteil von interdisziplinären Studiengängen an vielen Universitäten und Colleges gelehrt wird.

Obwohl die britischen und die amerikanischen Schulen der „Disability Studies" in etwa zeitgleich entstanden sind, nähern sie sich dem Thema in unterschiedlicher Weise. Die britische „Schule" ist eher politikwissenschaftlich und neomarxistisch geprägt und vertritt oft das soziale Modell „in Reinform". Die amerikanische Herangehensweise ist pluralistischer und inhaltlich eher an den Kultur-, Geistes- und Geschichtswissenschaften (amerikanisch: „humanities") orientiert, obwohl die Disability Studies auch hier zunächst in den Sozialwissenschaften entstanden sind. Vor allem durch den Austausch auf den alljährlich in den USA stattfindenden internationalen Konferenzen der Society for Disability Studies entwickelt sich die weltweite Vernetzung der Disability Studies stetig weiter.

In Deutschland war die Bezeichnung „Disability Studies" bis vor einigen Jahren eher unbekannt. Und doch wurden bereits seit Beginn der deutschen Behindertenbewegung „Disability Studies" betrieben – nur unter einer anderen Bezeichnung. Zahlreiche Publikationen, die aus der Behindertenbewegung in Deutschland bisher hervorgegangen sind, stellen nichts anderes als „Studien zu Behinderung" dar – im Sinne der Disability Studies.

Warum also Disability Studies?

In Deutschland beschäftigen sich leider immer noch primär Wissenschaften mit dem Thema Behinderung, die sich mit der defizitären Betrachtung auseinandersetzen. Dieses sind Pädagogik, Medizin und Psychologie. Hierin ist Behinderung ein „Schaden", der ausgeglichen werden muss. In ihnen steht die Anpassung der Abweichung an die gesellschaftliche Norm im Vordergrund, sei es durch spezielle Korrekturen in der Medizin oder durch erzieherische und therapeutische Maßnahmen. Ein leichter marginaler Paradigmenwechsel ist in der Gesellschaft feststellbar. Er kann aber als sehr marginal betitelt werden.

Ferner ist zu beobachten, dass sich das Selbstbild behinderter Frauen und Männer in jüngster Zeit mehr und mehr stärkt. Sie treten selbstbewusster auf und sehen nicht sich selbst, vielmehr die gesellschaftlichen Barrieren als Grund. Die Disability Studies unternehmen den Versuch diese Neujustierung zu verstehen, sie zu fundieren, sie zu begleiten und auszubauen.

Dazu gehört ebenso ein Wandel der Gegenstände und Methoden des Forschens und Lehrens. In den Disability Studies steht weniger die Sicht auf einzelne Beeinträchtigungen im Vordergrund, sondern vielmehr die Art und Weise, wie Behinderung gesellschaftlich und kulturell verstanden, konstruiert, diagnostiziert, zu- und festgeschrieben wird. Statt der Entwicklung von medizinischen, therapeutischen und erzieherischen Interventionen werden neue Diskurse gefördert, in denen „Beeinträchtigt-sein" nicht an sich als Problem, sondern als integraler Teil der menschlichen Existenzweise erscheint.

Zu beobachten ist, dass „Behinderung" als Bild der Krankheit, der Abweichung, des Alterns oder des Leidens in mehr theoretischen Diskursen vorkommt, als vielen bewusst zu sein scheint. Die Disability Studies wollen mit ihrer Arbeit eine Lücke in der Wissenschaft schließen. Das wiederum fördert nicht nur neues Wissen über Behinderung, sondern verändert auch die Wissenschaft insgesamt. So können die Disability Studies eine theoretische Basis bilden, von der aus die Kategorie Behinderung in allen ihren Facetten neu ausgeleuchtet werden kann. Damit den Disability Studies dies gelingt, ist eine neue Herangehensweise an den Gegenstand Behinderung notwendig.

Ursprung des DisAbility Managements 2

Der Ursprung des Disability Managements stammt aus den USA und grenzt sich von den Rehabilitationswissenschaften ab. Die Idee war, verunfallte und kranke Menschen frühzeitig in das Arbeitsleben zu integrieren. Hierzu dienen gezielte Return-to-Work-Maßnahmen/Programme (Shrey und Hursh 1999; Rathgeb 2012). In Deutschland hat sich dieses Management-Konzept seit den 1990er Jahren etabliert. Heute gibt es gezielte Schulungen und Zertifikatslehrgänge, welche zum Disability-Manager ausbilden. Als Anbieter ist zum Beispiel die Deutsche Gesetzliche Unfallversicherung zu nennen. Das Disability Management ist mehr als das bekanntere Betriebliche Eingliederungsmanagement und das Betriebliche Gesundheitsmanagement. Wie zahlreiche wissenschaftliche Studien aufzeigen, kann die Arbeits- und Leistungsfähigkeit einer Person insbesondere dann positiv beeinflusst werden, sofern der Betroffene relativ zeitnah, nach Auftreten einer Absenz, am „normalen" Leben teilhaben kann (Harder 2009; Rathgeb 2012; WHO 2011). Diese Sichtweise grenzt sich von der bisherigen Auffassung und Handhabe ab, betroffene Menschen zunächst in das Krankensystem abzuschieben und erst nach einer erfolgten Genesung oder Rehabilitation darüber nachzudenken, welche Aufgaben sie im Betrieb übernehmen können. Im schlimmsten Fall werden diese Personen, wie häufig beobachtet, in das Rentensystem überführt. Dieses kann auf verschiedenen Ebenen als fatal angesehen werden: menschlich, unternehmerisch und gesellschaftlich. Denn Menschen benötigen Anerkennung und aus meiner Sicht ist Arbeit die beste Anerkennung und Inklusion. Sie ermöglicht eine gleichberechtigte Teilhabe am Leben, durch Anerkennung, Leistungserbringung, Alltagsstruktur und eigenes Einkommen (Jahoda 1983). Unternehmen gewinnen auch durch ein gutes Disability Management, da ihnen wertvolle Human Resources erhalten bleiben. Für die Gesellschaft bietet es einen Mehrwert, da Menschen nicht in die staatlichen Versicherungssysteme

© Der/die Autor(en), exklusiv lizenziert durch Springer Fachmedien Wiesbaden GmbH, ein Teil von Springer Nature 2021
A. Rosken, *Disability Management*, essentials,
https://doi.org/10.1007/978-3-658-33334-8_2

abgeschoben werden. Vielmehr tragen sie weiterhin zur Wertschöpfung bei. Insgesamt zeigen Studien auf, dass sich dadurch enorme Kosten insbesondere im Gesundheitssektor minimieren lassen. Wie zahlreiche Studien zum Beispiel aus Michigan herausstellen sind Reports von Organisationen zu ihren Präventionsprogrammen essentiell, um Work-Disability zu minimieren (Arends et al. 2019). Eine Studie von Gensby et al. aus dem Jahr 2014 untersuchte beispielsweise die Effektivität und den Charakter von Disability Management Programmen und empfiehlt darin eine Klassifikation. Es wurden zwölf Datenbanken mit Peer-Review-Studien aus 1948 bis 2010 untersucht. Im Rahmen einer Dokumentenanalyse wurde das Material (ca. 17 tsd. Studien) nach festgelegten Dimensionen gescreent womit ca. 600 Studien für geeignet eingestuft galten. Aufgrund ungenügender Hinweise, verweisen die Ergebnisse darauf, dass keine konkreten Aussagen zu Effektivität und Charakteristika herausgestellt werden können. Die vorgeschlagene Systematik dieser Untersuchung kann aber für die Evaluation zukünftiger Programme genutzt werden.

Definition DisAbility Management und Prozessgestaltung

Wie Hunt und Habeck et al. (1996) herausstellen, stammt der Begriff „Disability Management" aus der Rehabilitation. Hier wird er von vielen Praktikern genutzt, indem sie ihre Arbeit als Disability Management bezeichnen. Es gibt keine einheitliche Definition, auch wenn es zahlreiche Versuche gibt, diesen Termini zu fassen. Die Schwierigkeit liegt darin, dass es für Arbeitnehmer und Arbeitgeber schwer ist, den Unterschied zwischen Disability Management und einer rehabilitativen Intervention festzustellen. In Anlehnung an Hunt und Habeck et al. (1996) kann Disability Management mit folgenden Attributen umschrieben werden:

- direkter Eingriff in den Arbeitsplatz
- Intervention gleich zu Anfang einer beginnenden Erkrankung etc.
- Arbeitnehmer-orientiert
- Pro-aktiv
- Gezielte Return-to-Work Maßnahmen.

Eine weitere Definition bringt den Termini ebenso in geeigneter Weise auf den Punkt:

„Disability management can be described in general terms as proactive, employer-based approach developed to

(a) prevent the occurrence of accidents and disability,
(b) provide early intervention services for health and disability risk factors, and
(c) foster coordinated administrative and rehabilitative strategies to promote cost effective restoration and return to work"

© Der/die Autor(en), exklusiv lizenziert durch Springer Fachmedien Wiesbaden GmbH, ein Teil von Springer Nature 2021
A. Rosken, *Disability Management,* essentials,
https://doi.org/10.1007/978-3-658-33334-8_3

(Scully und Habeck et al. 1991).

Geisen et al. (2008) verstehen unter Disability Management ein gesamtbetriebliches Konzept, wie Unternehmen mit gesundheitlichen Beeinträchtigungen ihrer Mitarbeitenden umgehen und versuchen, diese zu verhindern. Die Autoren weisen darauf hin, dass für die Aktivitäten der Re-Integration von kranken oder verunfallten Mitarbeitenden (initiiert von den Unternehmen) sehr unterschiedliche Bezeichnungen verwendet werden. Sie fassen alle Aktivitäten unter den Begriff des Disability Management.

Für sie enthält Disability Management folgende Punkte:

- Prävention (betriebliche Gesundheitsförderung)
- Beurteilung und Erfassung der Absenzen der Mitarbeitenden
- Unterstützung und Beratung von Erkrankten und Verunfallten
- Koordination von Leistungen und Aktivitäten zur Reintegration

(Geisen et al. 2008, S. 1).

In der vorigen Darstellung sind die wichtigsten Begriffe, welche im Rahmen eines sinnvollen Disability Managements diskutiert werden, verortet. Und es geht um eine klare Abgrenzung voneinander. Im Disability Management geht es um Prävention, um das Subjekt und um eine gezielte Reintegration. Dabei steht zunächst der Betroffene im Mittelpunkt, nicht die Professionellen oder die Organisation. Entscheidend ist, eine veränderte Perspektive einzunehmen. Dabei stehen sich zwei Pole gegenüber: Die Perspektive des beeinträchtigten Mitarbeiters und die Perspektive der Organisation. Nicht nur für die Arbeitsorganisation entsteht eine neue Situation. Vielmehr auch auf der Seite des beeinträchtigten Menschen. Nach Eintreten einer Absenz muss auch er zunächst einmal lernen, mit der neuen Situation umzugehen. Denn er verfügt i. d. R. über eine eingeschränkte Belastbarkeit, ausgelöst durch z. B. Schmerzen. Ferner verspürt er immer mehr die sich verändernde Arbeits- und Leistungsfähigkeit. Diese Neuordnung wird auch auf Seite der Organisation sichtbar. Mit einer frühen und gezielten Reintegration unter Einbeziehung angepasster Arbeitsplatzgestaltung und Arbeitsinhalte kann dieser Prozess positiv gestaltet werden. Hier ist ein Zusammenspiel von Betriebsärzten, Psychologen, Arbeitsmedizinern, Personalern und Führungskräften, Versicherungen etc. sowie dem Betroffenen essentiell. Das soziale Modell ist durch eine partizipative Grundhaltung gekennzeichnet. Der wesentliche Aspekt ist hierbei, nicht über, sondern vielmehr mit dem Mitarbeiter Reformen zu lancieren. Nur jener ist in der Lage, über seine tatsächliche Arbeitsfähigkeit Auskunft zu geben und seine veränderten Stärken und Schwächen zu artikulieren.

Spannungsverhältnis im Disability Management

Bei der Gestaltung eines solchen Prozesses sind differente Faktoren fundamental. Sie orientieren sich an dem Verständnis für ein gelingendes Change Management Konzept für Organisationen (Rosken 2016). Disability Management kann als eine Kategorie von Veränderungsmanagement berücksichtigt werden. In ihm werden neue Prozesse, Konzepte und Maßnahmen erforderlich. Das Anstoßen jene dieser führt unweigerlich zu Widerständen, Ängsten und Unsicherheiten. Um diese so unerheblich wie möglich zu modellieren, kann nachfolgender Fahrplan empfohlen werden.

Gestaltung eines Disability Management Programms

Gesamtziel des Unternehmens

⬇

Prävention

⬇

Früherkennung

⬇

Anspruchs- und Case-Management

⬇

Return To Work (RTW)

⬇

Programmentwicklung und Bewertung

Prof. Dr. Anne Rosken

Zunächst ist es essentiell, die Entscheidung für ein Disability Management mit all seinen Konsequenzen, in die Strategie des Unternehmens an oberster Stelle zu verankern. Nur mit einem unangefochtenen Commitment seitens des Top-Managements (Vorstand/Aufsichtsrat) kann dieser Prozess nachhaltig gelingen. Dabei sind die jeweiligen Besonderheiten des Unternehmens zu bedenken. Mit einer Verankerung in die Gesamtstrategie des Unternehmens erfolgt die Konzeption geeigneter Präventionsprogramme für alle Mitarbeiter und Führungskräfte. Dazu zählen beispielsweise folgende Aspekte zu entwickeln: Ausbilden der Diagnosekompetenz von Führungskräften, Sensibilisierung des Themas im Gesamtunternehmen, Stärken von Empathie und Mitgefühl für Andersartigkeiten, Stärkenorientierung, Bewusstsein für die individuelle Arbeits- und

Leistungsfähigkeit, Zusammenarbeit mit Leistungsträgern (z. B. Versicherungen) (Harder 2009; Rosken 2020). Mit der festzustellenden Zunahme von Beeinträchtigungen im Laufe des Lebens, wird der Tenor für Disability Management gesteigert. Dafür ist, wie konstatiert, ein professionelles Disability Management Programm essentiell. Dieser Prozess ist nicht linear zu verstehen. Vielmehr kann er als zirkulärer Prozess identifiziert werden, welcher einer sinnvollen bzw. permanenten Adaption bedarf. Nachfolgende wesentliche Aspekte sind zusammenfassend in den Blick zu nehmen und können als Erfolgsfaktoren reflektiert werden:

- Bedeutung des Disability Managements (DIM) wächst
- Implementierung eines DIM-Programms notwendig
- Anerkennung von Seiten des Top-Managements entscheidend
- Ergebnisbewertung entscheidend (Zirkularität)
- Sicht des Betroffenen und Sicht der Organisation im Sinne eines DIM entscheidend (Spannungsfeld)
- Partizipation.

Auch im anschließenden Prozess sollen diese induzierten Relationen plakatiert werden.

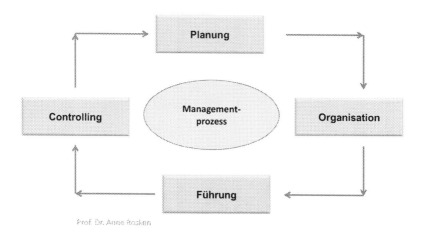

Wir attestieren einen periodischen Managementprozess, jene dieser von Planung, Organisation, guter und nachhaltiger Führung und einem systematischen Controlling vereint ist.

Die nachfolgende Abbildung skizziert in anschaulicher Weise, welche Instrumente und Vorgehensweisen entscheidend sind. Insbesondere kommt der Prävention unter Einnahme einer partizipativen Mitarbeiterorientierung eine bedeutende Rolle zu. Für die Gewährleistung dieser im organisationalen Kontext bedarf es sogenannter Sicherheitsprogramme, welche dafür sorgen, dass die Maßnahmen auf den Mitarbeiter abgestimmt, auch absolviert werden. Wie im rechten Kreis im nachfolgenden Schaubild ersichtlich wird, ist die Orientierung an der Unternehmenskultur und am Leitbild prinzipiell.

Wenn nun ein Fall von Beeinträchtigung eintritt, zum Beispiel durch einen Arbeitsunfall oder Autounfall oder durch die Diagnose einer chronischen Erkrankung wie Diabetes, Burn-out etc., so leistet das nachfolgende etablierte Schaubild Hilfestellung.

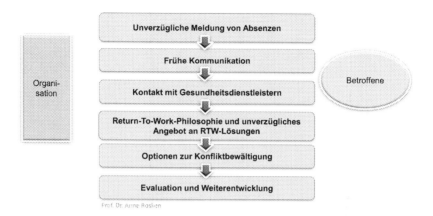

Im vorangehenden Ablaufplan wird deutlich, dass es immer um die Interaktion von Organisation, Betroffenem und Leistungsträgern geht. Die Qualität entscheidet über den Erfolg des Disability Managements pro eingetretenen Fall. Dabei ist essentiell, Absenzen frühzeitig zu melden und an die Organisation zu kommunizieren. Ferner müssen jene Person und die Verantwortlichen der Organisation unverzüglich mit den entsprechenden Gesundheitsdienstleistern Kontakt aufnehmen. Das sind in der Regel Sozialversicherungsträger und alle weiteren die Organisation in Punkto Arbeits- und Leistungsfähigkeit unterstützende Personen bzw. Institutionen wie Betriebsärzte, Psychologen, Arbeitsmediziner etc. Bereits in diesem frühen Stadium müssen auf das Individuum bezogen Return-to-Work Konzepte und Maßnahmen erarbeitet werden. Wichtig ist, den Betroffenen in jeden Schritt mit einzubeziehen und ihn um die Einschätzung seiner eigenen Arbeits- und Leistungsfähigkeit zu befragen (Harder 2009; Rosken 2020; WHO 2011). Klar muss allen Beteiligten auch sein, dass dieser Prozess nicht ohne Konflikte zustande kommt. Denn, es sind unterschiedliche Perspektiven unter einen „Hut" zu bringen. Beispielsweise gibt es bisher immer noch kein einheitliches Verständnis von der sogenannten „Arbeits- und Leistungsfähigkeit" (Ilmarinen 2003, 2011). Was genau erwarte ich von meinen Mitarbeitern und vor allem, was genau kann der Mitarbeiter seiner eigenen Einschätzung nach? Wie eine aktuelle Studie hierzu aufweist, fehlen Unternehmen genau diese Erkenntnisse! (Rosken 2020). Damit werden Konzepte und Maßnahmen derzeit häufig nach wie vor „am Mitarbeiter" vorbei entwickelt. Das ist natürlich fatal und führt im schlimmsten Fall erst recht zu mehr Fällen von Disability im Unternehmen.

Diese Lage zeigt sich auch in den immer noch unterschiedlich vorhandenen Konzepten und unklaren begrifflichen Trennungen im Hinblick auf die

Termini „Leistungsfähigkeit" und „Erwerbsfähigkeit". Vielmehr existiert ein Spannungsverhältnis zwischen Empowerment und Protektion. Hier gelingt die Zuschreibung der individuellen Systematisierung von Beschäftigungsfähigkeit, Employability, Arbeitsfähigkeit und Erwerbsfähigkeit nicht ganz korrekt. Wie zahlreiche Studien belegen, trägt die Erwerbsarbeit zur psychosozialen Gesundheit der Betroffenen bei (vgl. Jahoda 1983). So erfüllt sie folgende wichtige Aspekte im Leben eines Menschen:

- Funktionsdimensionen (feste Zeitstruktur…)
- Soziale Teilhabe (Kollegium, Teil eines großen Ganzen…)
- Berufliche Identität (Prestige, Status…).

Darauf fußen gewerkschaftliche Überzeugungen im deutschsprachigen Raum im Hinblick auf „Gute Arbeit" und „Welche Art der Arbeit" braucht der Mensch. In diesem Zusammenhang kann Arbeit als zentraler Inklusionsfaktor in modernen Gesellschaften angesehen werden (Rosken 2014). Nun stellt sich an dieser Stelle die Frage nach den Vorstellungen von „Guter Arbeit" (vgl. Rosken 2015). Was genau können wir darunter verstehen? Aus meiner Forschung und aus Beobachtungen in der Praxis können folgende Parameter ausgemacht werden:

- Wertschätzung
- Transparenz
- Gesundheitsfördernde Arbeitsgestaltung
- Work-Life-Balance
- Strategien zur Bewältigung des demographischen Wandels
- Personalentwicklung/Talentförderung/Stärkenorientiertes Personalmanagement
- Partizipation
- Kreativitätsförderung
- Sichere und angemessen entlohnte Arbeit
- Stärkenorientierung
- Lebenslaufperspektive
- Diversity-sensible Führung.

Ergänzt werden kann diese Auflistung um die im Rahmen gesundheitsfördernder Dimensionen der Erwerbsarbeit definierten gesundheitlichen Belastungen im Beruf:

Dabei wird grob zwischen physischen, psychischen oder physischen und psychischen (Multi-Disabilities, Multimordalitäten) unterschieden. So zeigen zum Beispiel Daten von Statistik Austria, dass rund 30 % der Erwerbstätigen zumindest eine psychische Belastung verspüren, gefolgt wird dieser Parameter von Zeitdruck, Mobbing etc.

	Gesamt	Männer	Frauen
Mind. 1 psychische Belastung	32,3 % (40,3 %)	36,0 %	27,6 %
Zeitdruck	29,2 %	33,2 %	24,3 %
Belästigung, Mobbing	2,3 % (3,4 %)	2,2 %	2,5 %
(Androhung von) Gewalt	0,8 % (3,5 %)	0,7 %	0,9 %
Statistik Austria 2008 (2014)			

Auch eine Darstellung anerkannter Berufskrankheiten (2018) zeigt auf, dass insbesondere chronische Krankheiten wirksam sind.

Berufskrankheit	Anteil absolut Verdachtsanzeigen	Anteil absolut Anerkennungen
Hauterkrankungen	21.406	507
Lärmschwerhörigkeit	13.997	6.942
Hautkrebs durch UV-Strahlung	9.905	5.720
Lenden-, Wirbelsäule, Heben und Tragen	5.221	366
Lungen-,Kehlkopfkrebs, Asbest	5.030	770
Asbestose	3.534	1.721
Infektionskrankheiten	1.971	1.093
Blut-/lymphatisches System, Benzol	1.731	355
Atemwegserkrankungen, allergisch	1.603	331

Radtke (2020)

Die häufigsten Beschwerden Erwerbstätiger in der EU (27) zeigen ein ebenso aufschlussreiches Bild. Dieses sind Rückenschmerzen, Muskelbeschwerden, Kopfschmerzen, Schlafstörungen, Bauchschmerzen und Verletzungen.

	Männer	Frauen
Rückenschmerzen	46 %	47 %
Muskelbeschwerden in Schultern, Nacken oder oberen Gliedmaßen	41 %	45 %
Kopfschmerzen, Augenbelastungen	33 %	46 %
Muskelbeschwerden in unteren Gliedmaßen	30 %	30 %
Schlafschwierigkeiten	16 %	21 %
Bauchschmerzen	12 %	15 %
Verletzungen	11 %	6 %
European Working Conditions Survey 2012		

Bei der Betrachtung psychischer Arbeitsanforderungen zeigen die Zahlen aus 2012 aus der Erwerbstätigenbefragung des BIBB/BAuA auf, dass viele Erwerbstätige unter Multitasking, starkem Termin- und Leistungsdruck sowie unter Störungen bzw. Unterbrechungen bei der Arbeit leiden. Insbesondere starker Termin- und Leistungsdruck, Störungen bzw. Unterbrechungen bei der Arbeit werden überwiegend als belastend wahrgenommen (BIBB und BAuA 2018).

In der Regel treten Beschwerden nie losgelöst voneinander auf, sondern eher in einer Kombination. Das sogenannte Circulus-Vitiosus-Modell verdeutlich sehr trefflich einen ernst zu nehmenden Teufelskreis. So gibt es zwei Selektionseffekte. Zum einen erhöht Krankheit das Risiko den Arbeitsplatz zu verlieren. Zum anderen hemmen gesundheitliche Einschränkungen den Arbeitsplatzerhalt, die Arbeitssuche und die Vermittlung. Die daraus womöglich resultierende Arbeitslosigkeit macht krank.

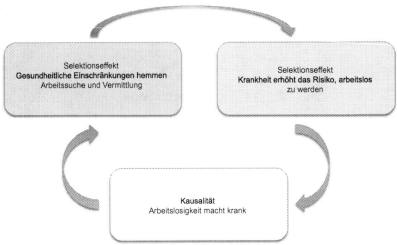

Eigene Darstellung in Anlehnung an Hollederer 2009

In der nachfolgenden Aufstellung von essentiellen Moderatorenvariablen kann verdeutlicht werden, wie sehr viele und wichtige Aspekte im Leben und in der Arbeit eines Menschen zusammenhängen. Kirschner et al. unterscheiden im Wesentlichen nach finanzieller Lage, Ursachenattribution und Hilfesuchverhalten. So haben beispielsweise der Beruf, das Alter, das Geschlecht und der Bildungsstand nach wie vor einen hohen Einfluss auf die finanzielle Ausstattung von Betroffenen. Einige Ursachen spielen eine entscheidende Rolle wie z. B., ob und wie lange die Person von Arbeitslosigkeit betroffen ist/war. Wie es um den Gesundheitszustand bestellt ist sowie wie die Arbeits- und Leistungsfähigkeit beschrieben werden kann. Jede Person verfügt dabei über ein entsprechendes Hilfesuchverhalten. D. h., bin ich in der Lage, mir Unterstützung zu suchen und diese in Anspruch zu nehmen? Bin ich weiter in der Lage aktiv eine Arbeit etc. zu suchen und ist mir klar, wie ich hier vorgehen kann?

Finanzielle Lage / Ressourcen	Ursachenattribution	Hilfesuchverhalten / Resilienz
Arbeits- und Berufsorientierung	Arbeitslosigkeit/ Arbeitslosigkeitsdauer	Soziale Unterstützung
Alter		Vermittlungsaktivität
Geschlecht	Gesundheit / Selbstverantwortung	Arbeitssuchverhalten
Qualifikationen / Bildung	Einschätzung eigener Arbeits- und Leistungsfähigkeit	Arbeitslosenquote
Gesundheitliche Risiken	Einschätzung der Wiederbeschäftigungschancen	Gesundheitliche Ressourcen
Sektorale Lage des Arbeitsmarktes	Potenzielle Beschäftigungsfähigkeit	Resilienz / Krisenbewältigungsstrategien
	Wiederbeschäftigung	

Eigene Darstellung in Anlehnung an Kirschner/Elkeles 2006

Hieran schließt sich die Frage an, wie demnach eine arbeitsmarktintegrative Gesundheitsförderung aussehen kann? Die anschließende Darbietung unternimmt, anhand des bereits beschriebenen Circulus-Vitiosus-Modells, einen Versuch (Hollederer 2009). Die Wirkungen dieses Modells aufzugreifen und daraus potenzielle arbeitsmarktintegrative Gesundheitsförderungskonzepte abzuleiten, ist die zentrale Aufgabe eines gelingenden Disability Managements. Was können im Detail nun Kriterien für Good Practice in der Erwerbsarbeit sein? Die nachstehende Tabelle von Gold et al. (2009) zeigt einige Ideen auf, welche konkreten Maßnahmen in einer bestimmten belastenden Situation gesundheitsfördernd wirken. Entscheidend ist, partizipative und in Zusammenarbeit mit dem Betroffenen, für ihn unterstützende Maßnahmen herauszustellen. Dazu muss die Zielgruppe systematisch in die Bedarfsermittlung, Planung, Umsetzung und Bewertung des Angebotes einbezogen werden. Zum Beispiel stellt ein klarer Zielgruppenbezug sicher, dass in besonderer Weise die Bedarfe von betroffenen Menschen berücksichtigt werden. Eine andere Strategie ist die Stärkung des Empowerments, indem die Zielgruppe mit gezielter Unterstützung zu einer eigenständigen und selbstbestimmten Lebensweise befähigt wird (Rathgeb 2012; Rosken 2017/2018; WHO 2011).

Gesundheitsbezug. Das Angebot hat einen klaren gesundheitlichen Bezug.	Befähigung der Zielgruppe (Empowerment). Die Probanden werden zu einer selbstbestimmten verantwortungsbewussten Lebensführung animiert.
Klarer Zielgruppenbezug. Das Angebot berücksichtigt insbesondere die Bedürfnisse von Menschen in problematischen Lebenssituationen.	Gestaltung der Lebenswelt (Setting-Ansatz). Der Vorschlag basiert auf der Optimierung des eigenen Verhaltens und der Lebensgestaltung.
Innovation und Nachhaltigkeit. Der Vorschlag basiert auf innovativen nachhaltigen Methoden.	Integriertes Handlungskonzept. Das Konzept ist multiperspektivisch und bindet diverse Stakeholder mit ein.
Multiplikatorenkonzept. Einbindung unterschiedlicher Stakeholder und Multiplikatoren.	Qualitätsmanagement / - entwicklung. Regelmäßige Optimierungen werden angestrebt.
Niederschwellige Arbeitsweise. Zugangshürden werden vermieden, d.h. ein leichter und unkomplizierter Zugang zu den Angeboten werden hergestellt.	Dokumentation / Evaluation. Die Vorschläge werden in sinnvollen Abständen verbessert und bewertet.
Beteiligung der Zielgruppe (Partizipation). Die Zielgruppe ist in den gesamten Prozess involviert.	Kosten-Nutzen-Verhältnis. Das Kosten- und Nutzenverhältnis ist ausgewogen.
Eigene Darstellung in Anlehnung an Gold et al. (2009)	

Die hier definierten Maßnahmen können sehr hilfreich sein, wie sie in der Praxis vorgehen können. So wird z. B. deutlich, dass die Maßnahmen einen klaren Gesundheitsbezug haben sollten. Desweiteren verfügen die Maßnahmen über ein sogenanntes Multiplikatorenkonzept, welches vorsieht, Promotoren miteinzubinden. Gleichfalls ist die vielfache und maßgebliche Partizipation der Zielgruppe entscheidend für den Erfolg. Denn nur die Betroffenen selbst können darüber Auskunft geben, welches Angebot für sie hilfreich ist. Ein weiterer entscheidender Punkt ist die Stärkung der Zielgruppe, ein eigenständiges und selbstbestimmtes Leben zu führen. Dieses wird auch mit dem Begriff des Empowerments beschrieben.

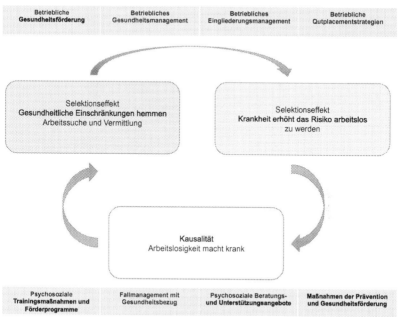

Eigene Darstellung in Anlehnung an Hollederer 2009

Wie eine insgesamte Verbesserung der Situation aussehen kann, soll im nachfolgenden skizziert werden. Es ist ein Versuch, ein gelingendes Disability Management zu beschreiben, welches auf mehreren Ebenen ineinandergreift. Diese Vorschläge fußen u. a. auch auf den Ideen, welche bereits in 2009 von der Arbeitsgruppe RehaFuture (Deutsche Akademie für Rehabilitation 2009) publiziert wurden. Es kann konstatiert werden, dass sich einiges in diese „richtige" Richtung verbessert hat. Dazu zählen zum Beispiel die Etablierung rechtlicher Rahmenbedingungen wie das SGB IX (seit 1. Juli 2001 überwiegend in Kraft, in 2018 und 2020 überarbeitet) (SGB IX 2020). Das Gesetzt regelt die Teilhabe am Arbeitsleben für Menschen mit Behinderung. Insbesondere sorgt das Bundesteilhabegesetz dafür, Menschen mit Behinderung als „gleichwertig" anzuerkennen und nicht mehr als „Sozialhilfefälle" einzustufen. Trotz dieser Rahmenbedingungen gibt es dennoch immer noch viele Unsicherheiten und Widerstände in der Praxis, Menschen mit Beeinträchtigungen zu beschäftigen, weiter zu beschäftigen und sie nach ihrer „neuen" und „neu zu definierenden" Arbeits- und Leistungsfähigkeit in der Organisation einzusetzen. Deshalb ist es essentiell, den Prozess und das Bewusstsein weiter zu schärfen. Nämlich analog des sozialen Modells, die Stärken des Mitarbeiters in den Vordergrund zu rücken und nicht die vermeidlichen Defizite (Ilmarinen 2003, 2011; Rosken 2020). Die folgenden Ideen stellen erste Impulse dar, um den Prozess zu stabilisieren und zu optimieren:

1. **Förderung der Selbstbestimmung und Selbstverantwortung:**
   1. Durch Empowerment
   2. Erhöhung des Bekanntheitsgrades beruflicher Rehabilitation
   3. Verbesserung der Beratungsqualität
   4. Optimierung von Servicestellen
   5. Individualisierung der Prozesse
   6. Forschung erhöhen
2. **Steuerung des Eingliederungsprozesses:**
   1. Allgemeine Beratung im Rahmen International Classification of Function (ICF)
   2. Begleitung im Rehabilitationsprozess
   3. Verzahnung medizinische und berufliche Rehabilitation (Disability-Ansatz)
   4. Inklusive Arbeitswelt: Integration in allgemeinen Arbeitsmarkt
3. **Beruf und Arbeitswelt:**
   1. Konkretisierung Beschäftigungsperspektive
   2. Beschäftigungsfähigkeit (Employability)
   3. Exklusionsvermeidung durch BEM und BGM
   4. Vernetzung im Unternehmen
4. **Forschung: Bildung von Schwerpunkten:**
   1. Bedarf und Zugang zur beruflichen Rehabilitation
   2. Bilden eines übergreifenden Forschungsschwerpunktes
   3. Partizipativer Forschungsansatz

(Deutsche Akademie für Rehabilitation 2009).

Wie die Aufstellung verdeutlicht, greifen viele Aspekte ineinander. Durchaus kommt zum Beispiel dem Betroffenen selbst auch eine hohe Verantwortung zu. Denn es liegt auch an ihm, wie er den Reha-Prozess unterstützt und für sich nutzt. D. h., wie hoch ist sein Interesse und sein Wille, die Chancen darin zu erkennen und ein neues Leben zu gestalten. Erst mit seinem Commitment hat auch die Organisation eine Chance, Programme und Prozesse auf jenen abgestimmt zu entwickeln. Neben der praktischen Umsetzung ist auch die unterstützende Forschung essentiell. Leider liegen derzeit immer noch relativ wenige Daten darüber vor, wie viele Menschen von Disability betroffen sind. Es lässt vermuten, dass eine hohe Dunkelziffer vorhanden ist. Um das Feld allumfassend in den Blick zu nehmen, sind interdisziplinäre Forschungszugänge und mehr Forschung unabdingbar. Aber auch hier zeigen sich in Deutschland nur schleppende Fortschritte.

UN-Behindertenrechtskonvention – Die Grundlage

4

Wie bereits erwähnt, fußen die Disability Studies und das Disability Management u. a. auf der UN-Behindertenrechtskonvention (UN-BRK), welche in 2006 durch die UN-Generalversammlung in New York verabschiedet wurde. Mit diesem historischen Schritt wurden zum ersten Mal in der Geschichte der Vereinten Nationen Menschenrechte für Menschen mit Behinderung fixiert. Damit entfernte man sich vom medizinischen Modell der Überbehütung. Es begann eine neue Ära in der das soziale Modell von Behinderung in den Mittelpunkt gerückt wurde. Demnach wird nicht mit und nicht über Menschen gehandelt. Die UN-BRK ist damit ein wichtiger Meilenstein in der Geschichte von Menschen mit Behinderungen (Degener 2003, 2015; UN-BRK 2020).

Artikel 1 UN-BRK benennt die wesentlichen Ziele wie folgt:

> „den vollen und gleichberechtigten Genuss aller Menschenrechte und Grundfreiheiten durch alle Menschen mit Behinderungen zu fördern, zu schützen und zu gewährleisten und die Achtung der ihnen innewohnenden Würde zu fördern."

Daraus wird ersichtlich, dass die UN-BRK einen ganzheitlichen Ansatz des Menschenrechtsschutzes mit staatlichen Achtungs-, Schutz- und Gewährleistungspflichten verfolgt. Damit verbunden sind sogenannte Ziel- und Förderpflichten sowie Empfehlungen für die nationale und internationale Behindertenpolitik. Die Konvention ist für die Vertragsstaaten unwiderruflich. Sie hat öffentlich rechtliche und privatrechtliche Wirkung. Denn die Mitgliedstaaten sind gemäß Artikel 4 Absatz 1 e) verpflichtet, „alle geeigneten Maßnahmen zur Beseitigung der Diskriminierung aufgrund von Behinderung durch Personen, Organisationen oder private Unternehmen zu ergreifen".

© Der/die Autor(en), exklusiv lizenziert durch Springer Fachmedien
Wiesbaden GmbH, ein Teil von Springer Nature 2021
A. Rosken, *Disability Management*, essentials,
https://doi.org/10.1007/978-3-658-33334-8_4

Die UN-BRK gilt für alle Menschen mit Behinderung. Dabei gibt es keine abschließende Definition für den Personenkreis. Vielmehr beschreibt Artikel 1 den Kontext wie folgt:

„Zur Gruppe zählen »Menschen, die langfristige körperliche, seelische, geistige oder Sinnesbeeinträchtigungen haben, welche sie in Wechselwirkung mit verschiedenen Barrieren an der vollen, wirksamen und gleichberechtigten Teilhabe an der Gesellschaft hindern können." (Art. 1 UN-BRK 2020).

Die grundlegende Haltung der UN-BRK ergibt sich in den acht allgemeinen Prinzipien. Diese sind in Artikel 3 (UN-BRK 2020) festgeschrieben. Dazu zählen:

- das Prinzip der Autonomie und
- der damit verbundenen Achtung
- die Nichtdiskriminierung
- die Chancengleichheit
- das Prinzip der Diversität behinderter Menschen und der Akzeptanz dieser
- die Achtung vor den sich entwickelnden Fähigkeiten von Kindern mit Behinderungen
- die Achtung ihres Rechts auf Wahrung ihrer Identität
- die Bedeutung von geschlechter- und alterssensibler Behindertenpolitik.

Artikel 4 der UN-BRK definiert die allgemeinen Pflichten, welche von den Vertragsstaaten bei der Umsetzung zu beachten sind.
Ein weiterer wesentlicher Aspekt bildet Artikel 8. Dieser umfasst das Thema der Bewusstseinsbildung. Hierauf basierend sind die Staaten aufgerufen, mit vielfältigen Maßnahmen Stereotype, Vorurteile und feindliche Vorgehensweisen gegenüber Menschen mit Behinderungen in der Gesellschaft abzubauen. Ein wesentlicher Aspekt ist dabei die positive und wertfreie Aufklärung über „Behinderung". Die Medien spielen hierbei eine essentielle Rolle.
Die Behindertenpolitik kann in vier historische Phasen gefasst werden:

1. Dekade: 1945 bis 1970. Behinderte Menschen wurden als unsichtbare Bürger und Objekte der Rehabilitation und Prävention wahrgenommen. Nicht die Menschenrechtskommission, sondern die für Wohlfahrts- und Armutsfragen zuständige Sozialkommission der Vereinten Nationen war zuständig sowie die Weltgesundheitsorganisation (WHO) als Sonderorganisation der Vereinten Nationen mit dem Fokus Gesundheit.

2. Dekade: 1970 bis 1980. Menschen mit Behinderung waren in dieser Phase (Rechts-) Subjekte der Rehabilitation. Definition, Prävention und Rehabilitation blieben die tragenden Säulen der Behindertenpolitik. Aber es wurden zumindest erstmalig Rechte von behinderten Menschen formuliert und als rechtlich unverbindliche Resolutionen verabschiedet. Ergänzend trug die Erklärung der Rechte geistig behinderter Menschen von 1971 (UN Declaration on the Rights of Mentally Retarded Persons) für Menschen mit kognitiven Beeinträchtigungen dazu bei, dass sie juristisch gleichberechtigt waren. Einige Jahre später folgte eine Erklärung der Rechte der Menschen mit Behinderung (UN Declaration on the Rights of Disabled Persons). Diese fasste die Rechte etwas weiter, indem sie neben den sozialen, wirtschaftlichen und kulturellen Rechten auch die zivilen und bürgerlichen Rechte für anwendbar erklärt.

3. Dekade: 1980 bis 2000. Hier werden die Menschenrechte behinderter Menschen offiziell anerkannt. In dieser Phase, werden jene als Menschenrechtsobjekte wahrgenommen und dargestellt. 1981 startet das Internationale Jahr der Behinderten, gefolgt von der UN-Dekade der Behinderten (1983–1992). Mit der UN-BRK wurden die Menschenrechte auf den Aspekt von Behinderung zugeschnitten. Erst mit dieser Konvention wurde das Thema Behinderung institutionell in das Menschenrechtssystem der Vereinten Nationen aufgenommen, namentlich das Hochkommissariat für Menschenrechte in Genf.

4. Dekade: Seit 2000. Von hier an werden Menschen mit Behinderungen als Menschenrechtssubjekte wahrgenommen.

Laut Degener (2003, 2015) kann der Weg vom medizinischen Modell über das soziale bis hin zum menschenrechtlichen Modell von Behinderung dargestellt werden. Häufig spricht man beim aktuellen Zustand für Menschen mit Behinderungen immer noch vom „sozialen" Model. Es wird demnach synonym mit dem menschenrechtlichen Model verwendet. Das Wesentliche ist, den Betroffenen in den Mittelpunkt zu rücken. Damit kann das Disability Management als menschenrechtsorientierte Profession bezeichnet werden.

Die UN-BRK ist ein entscheidender Schritt hin zu einem Paradigmenwechsel. Wie bereits konstatiert, löst sie das medizinische Modell von Behinderung ab. Behinderung wird als individuelles Phänomen betrachtet, dem mit medizinischen, therapeutischen, sonderpaedagogischen Maßnahmen etc. begegnet werden kann.

In den letzten Jahrzehnten sind zahlreiche Modelle von Behinderung entstanden. Dennoch stellt das soziale Modell von Behinderung unangefochten das Leitmodell dar. Dieses Model richtet sich gegen eine Behindertenpolitik, in der Heime und andere Sondereinrichtungen als Schonräume legitimiert werden. In denen Barrieren als Schicksal deklariert und die Behinderung als Krankheit und somit Legitimation für ein unfreies Leben determiniert sind. Das war auch der Anlass, warum das soziale Modell von Behinderung als Orientierung bei den Verhandlungen zur UN-BRK diente.

Daraus lässt sich ableiten, dass die Konvention die internationale Kodifizierung des sozialen Modells von Behinderung darbietet. In Wirklichkeit wurde eine Weiterentwicklung des sozialen Modells verabschiedet, das bereits titulierte menschenrechtliche Modell von Behinderung. Der Begriff tauchte in den 1990er-Jahren in verschiedenen Publikationen auf. Zum Beispiel in der von Degener gemeinsam mit Gerard Quinn veröffentlichten Hintergrundstudie zur UN-BRK. Wie eine Abgrenzung der beiden häufig immer noch synonym verwendeten Begriffe erfolgen kann, soll mittels folgender Thesen dargeboten werden.

Thesen zur Abgrenzung des sozialen und des menschenrechtlichen Modells von Behinderung:

- Nur das menschenrechtliche Modell kann erklären, dass Menschenrechtsfähigkeit nicht durch gesundheitliche Beeinträchtigungen beschränkt wird.
- Das menschenrechtliche Modell geht über Antidiskriminierung hinaus.
- Das menschenrechtliche Modell wertschätzt Behinderung als Teil menschlicher Vielfalt.
- Das menschenrechtliche Modell berücksichtigt Identitätspolitik.
- Das menschenrechtliche Modell bietet einen Rahmen für sensible Präventionsprogramme in der Gesundheitspolitik (Degener 2003, 2015).

Gleichberechtigte partizipative Teilhabe am Arbeitsleben

5

Laut UN-Behindertenrechtskonvention hat jeder Mensch das Recht auf ein selbstbestimmtes Leben. In Deutschland fußt dieses Recht u. a. auf dem Neunten Buch Sozialgesetzbuch. Es umfasst auch die Möglichkeit, paritätisch und frei wählbar an der Arbeitswelt teilzuhaben. Die meisten Beeinträchtigungen und Behinderungen treten erst im Laufe des Lebens auf und nicht – wie vielfach angenommen – von Geburt an (Statistisches Bunddesamt 2020). Somit wird eine Vielzahl der Betroffenen durch einen Schicksalsschlag von „(Dis-)Ability" tangiert. Ebendies stellt nicht nur sie selbst, sondern auch ihre Angehörigen vor große Herausforderungen. Gleiches gilt für Unternehmen und andere Stakeholder.

Aus meiner Sicht ist Arbeit die beste Inklusion. Sie stellt einen essentiellen Faktor im Leben eines jeden Menschen dar. Mit Arbeit erhält dieser die notwendige Anerkennung und auch ein eigenes Einkommen, um gleichberechtigt und selbstbestimmt am gesellschaftlichen Leben teilhaben zu können. Wie die in vorherigen Kapiteln skizzierte historische Entwicklung von Behinderung aufzeigt, ist dieses für Menschen mit Behinderung heute immer noch nicht selbstverständlich. Vielmehr existieren nach wie vor zahlreiche und umfassende Stereotype und Vorurteile im Umgang mit ihnen. So zeigen etliche Studien auf, dass viele Menschen Unsicherheiten haben, wie sie mit Menschen mit Behinderung umgehen sollen (Harder 2009; WHO 2011; Waldschmidt 2014). Leider resultiert hieraus dann allzu häufig ein Verbannen der Thematik und eine Exklusion im Arbeitskontext, indem die „Ausgleichsabgabe" gezahlt wird. Die Herausforderungen bestehen im Herstellen gleichberechtigter Rahmenbedingungen. Vielfach ist nach wie vor zu beobachten, dass Unternehmen und Personalverantwortliche mit Diversität und „Andersartigkeiten" überfordert sind. Primär ist dieses durch Ängste und Unsicherheit konnotiert oder auch häufig mit fehlender Empathie, da sie selbst noch nie von Disability berührt wurden. Infolgedessen ist es m. M. n wichtig, allen Menschen, gleich welcher Profession, Grundkenntnisse des (Dis-)Ability-Managements zu vermitteln, um diese im späteren Arbeits- und Führungsalltag zu einem erfolgreichen Umgang mit (Dis-)Ability zu befähigen. Die Thematik greift damit eine aktuelle Frage der sozialen Nachhaltigkeit auf. Wie können Unternehmen mit einer älter werdenden und von zunehmenden Beeinträchtigungen betroffenen Erwerbsbevölkerung umgehen und Menschen trotz gesundheitlicher Einschränkungen erfolgreich inkludieren?

Mehr denn je wird unternehmerischer Erfolg von innovativen Lösungen zur Gestaltung und Weiterentwicklung der Arbeitswelt und des Personalmanagements abhängen. Im Zentrum steht hierbei die Nutzung aller Talente, gerade auch von Menschen mit Beeinträchtigung. Dieser Aspekt stellt den notwendigen Bezug zur unternehmerischen „Verantwortung" her, indessen es darum geht, aktuelle soziale Nachhaltigkeitsfragestellungen zu reflektieren und neue Handlungskompetenzen auszuprägen. Die wesentlichen Bildungsinhalte sollten auf den Grundlagen, Methoden und Voraussetzungen des (Dis-) Ability Managements, den Methoden der betrieblichen Eingliederung von Menschen mit Beeinträchtigungen (Rehabilitation und Erhalt des Arbeitsplatzes) und den Zertifizierungen im (Dis-)Ability-Management fußen. Ferner sollte der Unterstützungsbedarf im Spannungsfeld von Autonomie und Heteronomie, die Verantwortung und das Risiko für Organisationen problematisiert werden. Obendrein ist es entscheidend, Diskussionen zu unterschiedlichen Formen von (Dis-)Ability und der Ermöglichung uneingeschränkter Partizipation in die Arbeitswelt unter Berücksichtigung von Fragen der Work-Life-Balance zu veranlassen. All das sind neue Diskurse und Perspektiven, die im günstigsten Fall eine deutliche Veränderung der Arbeitswelt und damit auch der Lebenswelt aller Menschen begünstigen. Ebendies setzt voraus, dass möglichst nahezu alle Menschen eine Bewusstseinsänderung durchleben. Am besten schon von Beginn an mit frühzeitigen Bildungs- und Bewusstseinsmaßnahmen.

Essentieller Perspektivenwechsel: Was ihn ausmacht, um was es konkret geht, was verändert werden muss

6

Der im vorigen Kapitel konstatierte essentielle Perspektivenwechsel für ein erfolgreiches Disability Management besteht in einer partizipativen Grundhaltung. Dieser ist von dem Leitgedanken geprägt, nicht über, sondern mit den Menschen gemeinsam zu entscheiden und zu handeln. Dafür benötigen Personalverantwortliche und alle beteiligten Mitarbeiter ein gewisses Maß an Empathie. Denn Menschen mit Beeinträchtigungen möchten i. d. R. als Menschen auf Augenhöhe behandelt werden. Die größte Veränderung besteht darin, mit den Menschen ins Gespräch zu gehen. Nicht über sie zu urteilen und sie zu bewerten und zu bevormunden, sondern sie zu fragen, was sie sich vorstellen können, wie sie selbst ihre Arbeits- und Leistungsfähigkeit einschätzen. Ebendies bietet die Grundlage für die Herstellung eines gemeinsamen Blickwinkels. Man könnte auch von einem gelingenden Arbeitsfähigkeitsmanagement (Rosken 2017/2018, 2020) sprechen. Selbiges setzt voraus, dass in regelmäßigen Abständen nach der selbsteingeschätzten Arbeits- und Leistungsfähigkeit des Mitarbeiters gefragt wird. Wie eine aktuelle Studie (Rosken 2020) belegt, ist diese Einschätzung Personalverantwortlichen häufig nicht zugänglich. Der Grund liegt in der fehlenden Befragung des Mitarbeiters. Das führt dazu, dass vielmehr über den Mitarbeiter geurteilt und über seinen Kopf hinweg entschieden wird. Der Mitarbeiter entwickelt dabei in der Regel noch mehr Frustration und Demotivation. Im schlimmsten Fall führt dieser Zustand zu noch mehr psychischen Belastungen, da sich der Betroffene nicht richtig wahrgenommen und wertgeschätzt fühlt. Dieser Teufelskreis wurde bereits im Circulus-Vitiosus-Modell (Hollederer 2009) skizziert.

A. Rosken, *Disability Management,* essentials, https://doi.org/10.1007/978-3-658-33334-8_6

Vorteile eines gelingenden DisAbility-Managements

7

Die Vorteile für ein gelingendes Disability-Management sind vielfältig. Zum einen kann konstatiert werden, dass die meisten Behinderungsarten im Laufe des Lebens und damit in der Mitte der 40er Lebensjahre entstehen (Rosken 2020; Statistisches Bundesamt 2020; WHO 2011). Es kann uns also alle treffen! Diese Haltung ist aus meiner Sicht der beste Einstieg zur Bewusstseinsänderung und erfordert Dankbarkeit und Demut. Mithin werden Menschen durch eine Krankheit oder einen Unfall aus ihrem bisherigen Leben geworfen. Dieser Zustand ist nicht nur für Organisationen eine Umstellung, sondern auch für den Betroffenen und seine Angehörigen. Alle Beteiligten müssen sich auf diese neue Situation einstellen. Je früher ein Return-To-Work-Programm greift, desto höher sind die Chancen auf eine schnelle Wiedereingliederung in ein möglichst normales Arbeiten und Leben. Dieses zeigen etliche Untersuchungen auf (Bundesarbeitsgemeinschaft für Rehabilitation 2009; Harder 2009; Rathgeb 2012). Von diesem Vorgehen profitieren dann auch Unternehmen, denn sie behalten ihre wertvollen Mitarbeiter. Neben allen Vorteilen muss an dieser Stelle konstatiert werden, dass es selbstverständlich auch Grenzen des Disability Managements gibt. Nicht in jedem Fall kann eine Lösung zwischen Mitarbeiter und Organisation erzielt werden. Abhängig ist dieser Prozess u. a. auch von der Schwere und von dem Ausmaß der Absenz.

A. Rosken, *Disability Management,* essentials, https://doi.org/10.1007/978-3-658-33334-8_7

Voraussetzungen für eine erfolgreiche Implementierung

8

Für eine erfolgreiche Implementierung gilt, wie in allen Veränderungsprozessen, ein klares Commitment des Top-Managements. Ohne dessen Zuspruch kann ein solches Konzept nur schwerlich umgesetzt werden (Rosken 2016). Neben der reinen Entscheidungsnotwendigkeit für daran anschließende Maßnahmen, bedarf es auch Investitionen in gezielte Disability-Bereiche. Insofern ist die Zustimmung und der Support der Vorstandsebene bzw. des Senior Managements unabdingbar. Erfahrungen zeigen, dass eben jene Personen die Essentialität des Themas forcieren, welche selbst oder im privaten oder beruflichen Kontext von Disability betroffen sind. Die sich hier entwickelnde Empathie und das Verständnis führen zu einem klareren Verständnis und zur Unterstützung des Themas (Rosken 2020). Insofern sind Sensibilität und idealerweise erste Kenntnisse bzw. erstes Vorverständnis im Bereich des Dis-(Ability)-Managements von Vorteil. Beobachtungen aus der Praxis zeigen ferner, dass insbesondere Personen offen für das Thema sind, welche selbst von Disability „betroffen" sind oder im unmittelbaren beruflichen oder privaten Kontext Menschen kennen, die eine Beeinträchtigung haben. Zum Beispiel, weil sie selbst erkrankt sind/waren, einen Angehörigen haben, der betreut werden muss oder Freunde haben, jene davon tangiert sind. Desweiteren kann die Professionalisierung des Disability Managements durch Zertifizierungslehrgänge zum Disability Manager zu mehr Erfolg führen. Zertifizierungen können zu einer Verstetigung des Disability Managements in Organisationen beitragen. Hier gibt es die Möglichkeit, Manager auszubilden oder auch ganze Betriebe zu klassifizieren. In Deutschland bietet federführend die Deutsche Gesetzliche Unfallversicherung Programme an. Es gibt aber auch andere Anbieter, welche ebenfalls Konzepte präsentieren.

© Der/die Autor(en), exklusiv lizenziert durch Springer Fachmedien Wiesbaden GmbH, ein Teil von Springer Nature 2021
A. Rosken, *Disability Management*, essentials,
https://doi.org/10.1007/978-3-658-33334-8_8

Mögliche Widerstände

9

Wie in nahezu allen Change-Prozessen muss auch im Disability Management mit Widerständen gerechnet werden. Dieses liegt in der Natur der Sache begründet, denn es bedarf der Einsicht möglichst vieler Mitarbeiter. Wie stark mögliche Schwierigkeiten auftreten, hängt von der Unternehmenskultur ab. Aber auch von den Einstellungen und Werthaltungen aller Stakeholder. Die Gegenbewegung kann sich in Form von Unverständnis zeigen sowie in Ablehnung und Resignation. Wenn es gelingt, möglichst vielen Mitarbeitern den Mehrwert dieser Veränderung zu schildern und ihnen diese näher zu bringen, ist eine gute Basis für den Erfolg gesichert (Rosken 2010/2011). Um Widerstände erfolgreich zu managen, bedarf es einer starken Führung. Es meint, dass sie in der Lage sein muss, mit diesen Unwägbarkeiten souverän umzugehen. Es gibt in diesem Prozess keine Schuldigen und auch keine Fehler. Vielmehr sollte dieser Schritt als organisationaler Lernprozess gestaltet werden. Mit der Abwendung vom sogenannten „Defizitmodell" hin zu einem „stärkenorientierten" Personalmanagement werden automatisch andere Betrachtungswinkel eingenommen. Dabei ist entscheidend, Mitarbeiter mit und ohne Beeinträchtigung zu moderieren und im besten Fall die Absenz eines Mitarbeiters nicht als Bewertungskriterium hinzuzuziehen. Vielmehr ist dezisiv, diesen Aspekt zwar als gegeben hinzunehmen, die Beurteilung seiner Arbeits- und Leistungsfähigkeit davon unbeeinflusst zu lassen (Ilmarinen 2003, 2011; Rosken 2020).

Canadian Work Disability Management System Standard (CSA) 10

This chapter describes and approved the Canadian Work Disability Management System Standard (CSA) from an international perspective. It highlighted main issues and aspects. This short overview gives a convenient introduction. It is important for all of those who want's to work with a professional disability management system. The CSA standards are one option beside others but can be described as a best practice. Others are the ILO Code of Practice on Managing Disability in the Workplace (2002), the International Social Security Association Guidelines on Return to Work and Reintegration (2013) and the Consensus-based Disability Management Audit (National Institute of Disability Management and Research 2003).These are all documents who deliver good guidelines for implementing a professional disability management system. In the followings, you can read the CSA approval from Donal McAnaney.

Disability Management: Establishing a National Standard

In 2020, Canada became the first country to establish a national standard on disability management. The Work Disability Management System Standard (Canadian Standards Association Z1011, S. 20) sets out evidence-informed requirements and provides guidance for organisations on how to be effective in reducing the risk and implications of work disability and enhancing the recruitment of workers with disabilities (Canadian Standards Association Group 2020). It is described as a 'best practices' standard which can be adapted to the specific requirements of any jurisdiction in Canada for organisations with a workforce of at least ten workers in any sector.

A. Rosken, *Disability Management,* essentials, https://doi.org/10.1007/978-3-658-33334-8_10

This chapter attempts to highlight some of the key principles and components of the standard with a view to stimulating debate on the need for an international standard that encapsulates the diverse approaches to disability management that are currently in operation throughout the world.

The Origins and Evolution of Disability Management

A brief review the origins and evolution of disability management as a delineated field of theory and practice can provide a context within which to interpret the framework and concepts that constitute the Canadian Standard.

The first references to disability management occurred in the 1980s in US publications primarily devoted to rehabilitation counselling and vocational rehabilitation (Murphy and O'Hare 2011, p. 27 f.). They promoted early intervention for workers who acquired or developed occupational injuries or illnesses (e.g. Tate et al. 1986). The arguments put forward for early employer intervention were primarily based on control of workers' compensation costs, while at the same time meeting the needs of injured workers (Galvin 1986; Akabas et al. 1992). The employer's role in the process was often emphasised, e.g. employer-driven disability management (Murphy and Foreman 1993), employer-based disability management (Galvin 1986) and employer-led disability management (Shrey and Lacerte 1995).

Disability management referred to a workplace prevention and corrective strategy aimed at preventing disability from happening and, in the case where a worker acquired an injury, coordinated, cost-efficient early intervention that included workplace rehabilitation (Akabas et al. 1992). It involved a commitment to maintaining the employment of workers with reduced functional capacity. Joining up prevention programs with allied health and return to work interventions was essential.

Disability management has evolved to the point where it is possible to identify a number of variants (McAnaney and Wynne 2017) including worksite disability management (Shrey 2000); work disability prevention (Loisel et al. 2001); consensus-based disability management (National Institute of Disability Management and Research 2003); comprehensive disability management (Harder and Scott 2005); integrated disability management (Habeck et al. 2010; Angeloni 2013); workplace disability management (Gensby et al. 2014) and work disability management (Jetha et al. 2019). Most of these share a number of characteristics which differ from the original conceptions implicit in its earliest formulations.

Firstly, the role of worker representatives in the process has been identified as essential in ensuring that disability management processes are appropriate to the needs of both the individual worker and the organisation (Randall and Buys 2011). The authors recommended a consensus-based approach to disability management (National Institute of Disability and Research 2003). The consensus-based approach is evident in the International Labour Organisation Code of Practice on Managing Disability in the Workplace (2002), the International Social Security Association Guidelines on Return to Work and Reintegration (2013) and the tools and educational programming overseen by the International Disability Management Standards which was established in 2003 (see https://www.idisability managementsc.org/).

Secondly, disability management evolved within a workers' compensation environment. Consequently, its application focused solely on those workers with occupational health conditions. However, it is accepted that the proportion of workers who experience occupational injuries or illness is between 20 and 25% of all workers who become disabled during their working lives (BusinessNZ 2013 and Confederation of British Industry 2011). In these terms, a disability management program that solely targets workers' compensation addresses less than half the problem. Effective disability management must cover both occupational and non-occupational health conditions. This was a key consideration for the International Social Security Association (2013).

Thirdly, a consistent underlying principle in disability management has been that managing the environmental factors that can result in absent workers losing their jobs is an essential strategy (Habeck and Hunt 1999). This reflects a social model of disability. Further, the view of disability as a process rather than a personal characteristic reflects the biopsychosocial model of disability that informs the International Classification of Functioning, Disability and Health (Geisen 2015). There is a good fit between a disability management approach and a biopsychosocial perspective on disability (Wagner et al. 2017).

Finally, managing the return to work process for absent workers, while they still have an attachment to their employer, results in better outcomes for individual workers and reduced costs for employers (Tate et al. 1986). Return to work case management and occupational rehabilitation continues to be an essential component of contemporary disability management approaches (Dyck and Arnold 2017). However, the scope of disability management can be viewed as having a much broader remit which includes primary prevention, workplace health promotion and job retention or stay at work interventions for those at risk of health-related absence (National Institute of Disability Management and Research 2003). These developments have influenced the content and approach adopted in the Canadian Standard.

The Canadian Work Disability Management System Standard

The Canadian Standard incorporates many of the key values of consensus-based disability management (Canadian Standards Association Group 2020). It proposes a proactive, coordinated, and organisation-wide approach with clearly defined policies, processes, procedures, and practices which are periodically reviewed based on available evidence. The systems approach addresses cultural, social, healthcare, insurance, workplace, and individual barriers to recruitment, hiring, and onboarding; staying-at-work; absence management, return to work, and quality of life. It complements other Canadian standards including management system standards for occupational health and safety (Canadian Standards Association Z45001), psychological health and safety in the workplace (Canadian Standards Association Z1003), and workplace ergonomics (Canadian Standards Association Z1004).

The standard requires a stepped approach rather than simply the assignment of work disability management as the responsibility of a single organisational function. This is considered to be the best way to ensure role clarity and proactivity on the part of all actors and to achieve consistency and integration with other relevant organisational functions. Continuous improvement is a fundamental component of the standard. An iterative Plan-Do-Check-Act cycle is proposed through which work disability management processes and targets are updated and enhanced.

The approach is worker-centred and biopsychosocial involving work culture (collaboration, trust, effective communications, positive labour relations), work environment (job role, essential duties and physical and psychological job demands), and workplace relationships with a key focus on accommodations. Shared responsibility between the organisation and the worker for the accommodation process is viewed as best practice. The role that union representatives can play is described and the importance of properly qualified disability management professionals in the process is stressed.

A data-driven, coordinated, proactive, organisation-wide and multi-stakeholder system is espoused which includes workers' compensation, insurance, private short- and long-term disability insurance, employment insurance, Canada/Québec Pension Plan-Disability and employee group benefit plans. Guidance on the specific roles of each stakeholder is not provided as this is viewed as the responsibility of organisations. Nevertheless, it includes an annex which provides suggestions for implementation.

A phased approach to worker health and disability is proposed which includes job retention through the effective management of health and safety risks for all workers (primary prevention), responding to the needs of workers or occupations at risk of health-related absence (secondary prevention) and return to work programs for those who have withdrawn from work on health grounds (tertiary prevention). In addition, the standard reflects the International Labour Organisation Code of Practice on Managing Disability in the Workplace (2002) by including recruitment, hiring and onboarding within its remit.

Safe and timely return to work is considered to be a key intended outcome of the system. The standard acknowledges the National Institute of Disability Management and Research hierarchy of return to work outcomes (2003, p. 70 f.) in which the most desirable outcome is to return the worker to their own job without modification. If this is deemed to be infeasible, the hierarchy proposes a range of graduated options from own job with modifications, through return to an alternative position, to redeployment to an alternative position with or without modifications.

The standard includes nine annexes which provide supporting information on the business case for work disability management; the role of experts; how to manage confidentiality; implementation suggestions; potential barriers to implementation; evidence informed methods and procedures; benchmarking; reasonable accommodation case studies and a list of relevant legislation.

Management Commitment and Leadership

The standard requires that senior managers document their commitment to a work disability management system based on the standard; take responsibility for developing, deploying and maintaining the system; ensure adequate resources to support development and roll out; and clarify workplace stakeholder roles and responsibilities. They must support effective communication between workers and other actors which protects the right to privacy; promote active participation of individual workers in the return to work process; and encourages participation by taking a leading role and being accountable. A framework to support monitoring and continuous improvement must be established.

Responsibilities, Accountability and Authority

The standard elaborates responsibilities at a number of levels. Senior Management must assign clear responsibility for establishing, implementing and maintaining the system to one or more actors and ensure that they have authority and are accountable.

All stakeholders must be given the time and resources required to contribute effectively. A collaborative approach by stakeholders must be encouraged and internal stakeholders must be given timely access to relevant information. Existing workplace committees need to be briefed and consulted and invited to contribute. The knowledge and skills of supervisors need to be enhanced so that they can respond appropriately to the job retention or return to work needs of workers. This includes participating in the process, supporting accommodations, keeping in contact with absent workers and informing co-workers of accommodations. Mechanisms need to be put in place to protect workers' rights to privacy.

Active worker participation must be ensured. Specifically, workers must have a role in the setup, rollout and maintenance of the system. Individual workers must have an active role in selecting appropriate treatment, assessing possible accommodations, identifying potential barriers and contributing to the planning process.

Policies must comply with all legal and other mandatory obligations consistent with an organisation's type and scale. They must be disseminated and maintained in consultation with relevant stakeholders including workers and their representatives, clearly communicated to all workers and made available to external actors. They must be an integral component of the overall management system, be subject to continuous improvement and a framework for agreeing targets and objectives and reviewing progress must be agreed.

Procedures must support an organisation's policies and ensure legal compliance with minimum legal and regulatory requirements in terms of human rights and accessibility; timely communication between the organisation and a worker in the case where a work disability arises; a biopsychosocial approach to individual return to work assessment and accommodation planning; and compatibility with other relevant standards such as safety, accessibility and carer-inclusive organisations. They need to support optimal return to health, work performance and reintegration while minimizing any risks to co-workers.

They must ensure an inclusive and accessible workplace that includes a culture of confidential and appropriate disclosure by individual workers of their health needs and a response to each worker on a case-by case basis. A culture of diversity, equality, respect and dignity must be promoted and overt and implicit systemic barriers, including unconscious bias, need to be reduced or removed. Accommodating current workers with health needs or disabilities, inclusive recruitment, hiring and onboarding practices for new employees must be addressed.

They must specify how compliance with the standard is monitored and enhanced, how the system is aligned with other relevant internal policies programs and procedures and with external disability services and how they are documented and communicated to both internal and external stakeholders.

Planning

Planning, in collaboration with stakeholders who have the necessary competences and qualifications, must be based on a biopsychosocial perspective and respond to a review of current internal and external practices and resources by addressing existing gaps and establishing goals, intended outcomes and performance indicators that fit with the organisation's structure and purpose.

The review needs to use both quantitative and qualitative data to evaluate occupational health and safety, work disability management, job retention, return to work and benefits programs, employee and family assistance programs and data resources such as absence and accommodation records, attendance management supports, collective agreements, recruitment and onboarding policies and processes related to applicants with disabilities and accommodation and caregiver processes. It must also identify areas for improvement in legal and regulatory compliance, contractual obligations and reporting systems.

Needs assessment must identify any gaps, barriers or opportunities, considering feedback from individual workers, their representatives, supervisors and providers, with regard to the delivery and coordination of services, supports and interventions such as reasonable accommodations, sick leave, benefits, work capacity, job fit, return to work and job retention potential assessments and reintegration planning.

The plan must align with the characteristics of the organisation and its legal and contractual obligations and address the areas for improvement and opportunities identified based on measurable objectives and targets. Both short- and long-term goals must address the development, evaluation and continuous improvement of the system. It must specify responsibilities of relevant actors; resources, indicators and milestones for each action line; and a schedule for regular review and revision. The planning process must be monitored, evaluated and updated periodically.

Implementation

Implementation must be actioned by personnel with appropriate competences and expertise, who are provided with the infrastructure and resources to meet the standards including information and communication technology and communications procedures. Resources include measures and mechanisms for effective prevention and protection, accommodating new and existing workers; enhancing organisational culture relating to disability; raising awareness, providing access to necessary training and managing change.

Recruitment, hiring and onboarding policies, procedures and practices must address matching abilities with essential job demands and the provision of career development and training support. Preventative and protective measures must address health promotion and education, extended health benefits, health and safety inspections, incident investigation and reporting, early identification of at-risk workers including those vulnerable to prolonged disability, information and signposting to supports, early intervention for job retention, absence prevention and worker contact.

Timely and appropriate actions need to support at-risk workers to stay at work and absent workers to return to work including early interventions for an emerging disability; timely access to information about resources; access to necessary treatment; effective communication and collaboration among stakeholders; integrated job retention, absence and return to work services; and clear and supportive dialogue with individual workers. Two essential elements are keeping the individual worker informed about the roles of relevant actors and consulting workers and relevant stakeholders, including co-workers and supervisors, on accommodations.

Accommodations must cover both newly recruited and existing workers. Job retention and return to work processes need to ensure privacy and confidentiality about medical condition while utilizing functional information to design accommodations. Duty to accommodate procedures must comply with legal requirements, be communicated to all those involved and applied in a meaningful way on a case by case basis, respecting the right and integrity of the individual worker. Accommodations must be adapted appropriately to working conditions and context. Meaningful and respectful dialogue between the worker, their representative and the supervisor that addresses the worker's concerns must be supported.

Senior management must promote the values of a positive, disability-friendly organisational culture in terms of business practice, relationships with peers and external stakeholders and the local community. The aspiration is an inclusive environment that is non-judgmental and supports disclosure and requests for assistance. Initiatives can include anti-discrimination and inclusivity clauses in a code of business ethics, peer support, job redesign and education on rights, stigma and disability.

Training and awareness activities, including refresher courses, are required to address rights and responsibilities and ensure that stakeholders have the competence to implement the standard. Competency and training requirements must be defined and training must be sustained and delivered by competent persons to all workers, supervisors and managers relevant to their needs and responsibilities. Relevant areas include crisis management for work health challenges such as mental and physical first aid, recruitment, job retention, return to work processes, accommodations and risk assessment. Training must be evaluated by participants, properly documented and adapted where required.

Mechanisms to manage change must be established including changes to work practices, work accommodations, the work disability management system to support worker engagement and effective communication to ensure acceptance of changes.

Performance monitoring, evaluation, and continual improvement

Organisations must assign roles and responsibilities for monitoring, evaluation and continuous improvement. Procedures must be proportionate to size and characteristics of the organisation. Baseline quantitative and qualitative data are required against which to benchmark performance and identify strong points, areas for improvement and where efficiencies can be achieved.

A dynamic monitoring and evaluation process must promote a change-positive ethos by identifying learning opportunities, successes and areas for improvement and ensure the sustainability and relevance of the system. It must include reviews, audits and continuous improvement and allow for regular reports to senior management. Stakeholders' perceptions must be taken into account in estimating the extent to which goals and targets have been achieved.

All processes must be covered including how data is gathered and analysed and results are reported; clarity of roles and responsibilities and accountability; new employee recruitment, hiring and onboarding; prevention and early identification; case management, and accommodation; job retention and return to work processes; and education and training.

An internal audit process, carried out at regular intervals, is an essential element. The audit procedure must be agreed with both internal and external stakeholders in terms of purpose, criteria for selecting the audit tool, the evaluator, timelines and stakeholder involvement. A report to management must be produced to assist in adapting the standard to the organisation and identifying new or unresolved issues including non-conformities with the standard, issues arising in relation to work processes and responses.

Monitoring and evaluation needs to be subject to regular review in terms of the results of any evaluations carried out, metrics of program effectiveness, indicators of goals achieved and milestones reached, effectiveness in disseminating information about the system to workers and stakeholders and the implementation of previous management recommendations.

Towards an International Standard on Disability Management

The publication of the Canadian Standard is an important milestone in the evolution of disability management as a clearly delineated and defined field of employer practice. Of necessity, it has been designed to be compatible with current Canadian federal and provincial systems of policy and legislation. Consequently, its generalisability to other jurisdictions needs to be explored. While many of its principles and processes are likely to have wider relevance internationally, it has yet to be benchmarked against existing international good practice guidelines and its fit with legal and regulatory frameworks in other jurisdictions operating a disability management approach needs to be evaluated.

Currently, 14 countries have subscribed to the consensus-based disability management approach under the auspices of the International Disability Management Standards Council and a further 36 countries have adopted its educational programming and best practice professional and program standards (see https://www.idmsc.org/2019/). There is an argument to be made for evaluating the extent to which the standard is perceived by stakeholders in these jurisdictions as relevant to their specific policy and regulatory contexts and to distinguish between those elements which have a global reach and those which respond to the unique characteristics of the Canadian system.

Similarly, there are a number of internationally accepted sources for best disability management practice against which the standard can be benchmarked including the International Labour Organisation Code of Practice on Managing Disability in the Workplace (2002), the International Social Security Association Guidelines on Return to Work and Reintegration (2013) and the Consensus-based Disability Management Audit (National Institute of Disability Management and Research 2003; Flach et al. 2006). Each of these adopts a different format and structure and has been developed to serve different purposes and address different parts of the system. Nevertheless, they were developed based on good practice and were the result of substantial and broad consultation with stakeholders internationally. The Canadian Standard offers an important and substantive opportunity to move forward towards an internationally accepted standard for disability management.

Zusammenfassung und Ausblick 11

In diesem Buch wurde der Versuch unternommen, einen ersten Einstieg und einen ersten Überblick in die Disability Studies und das Disability Management zu geben. Dabei konnte zum einen der Ursprung und die Historie verdeutlicht werden. Dieses bietet die erste Grundlage, um die Bedeutung und die darauf fußenden Maßnahmen und Notwendigkeiten zu verstehen. Erst jene Erkenntnis liefert einen optimalen Einstieg in die Grundlagen des Disability Managements. Denn wie ebenfalls herausgestellt werden konnte, kann das Management nur mit einem entsprechenden Perspektivenwechsel vollzogen werden. Dieser fußt auf der UN-BRK und ihren weiterführenden Annahmen. Im weiteren wurden die Grundzüge eines klassischen Disability Managements präsentiert und herausgestellt, insbesondere welche Aspekte und Faktoren entscheidend sind. Denn es sind sowohl der Betroffene selbst als auch sein Umfeld und die Organisation mit weiteren Stakeholdern geboten. Ferner konnte herausgearbeitet werden, dass das menschenrechtliche Modell und nicht das medizinische Modell zum Tragen kommt. Dieses stellt den Menschen mit einer Disability ins Zentrum und verabschiedet sich davon, über ihn zu urteilen und zu bestimmen. Ein solcher Prozess hat unweigerlich mit Konflikten und Widerständen zutun. Dessen Ausmaß hängt von der Unternehmenskultur und den gelebten Werten und Normen ab. Der Führungskraft und dem Top-Management kommt dabei eine entscheidende Bedeutung zu. Nur mit ihrem Commitment kann ein solcher Prozess gelingen. Abschließend konnte am Beispiel des Canadian Work Disability Management System Standard (CSA) ein gängiges Standardsystem präsentiert werden, welches zu einer erfolgreichen Implementierung ebenfalls positiv beitragen kann und Best Practice darstellt. Dieses Buch ist ein erster Einstieg in das Thema und soll zu weiterem Interesse anregen. Ich wünsche viel Spaß beim Lesen.

A. Rosken, *Disability Management,* essentials, https://doi.org/10.1007/978-3-658-33334-8_11

Was Sie aus diesem *essential* mitnehmen können

Historische Entwicklung – Definitionen – Gesetzliche Rahmenbedingungen – Implementierungsstrategien – Grundlagen des Disability Management – Essentielle Perspektiven und Voraussetzungen – Partizipation – Disability Standards – Betroffenensicht – Einbinden und Koordination wichtiger Stakeholder.

Literatur

Akabas S. H., Gates L. B. and Galvin D. E. (1992): Disability Management: A complete system to reduce costs, increase productivity, meet employee needs, and ensure legal compliance. New York American Management Association.

Angeloni S. (2013): Integrated Disability Management: An Interdisciplinary and Holistic Approach. SAGE Open. https://doi.org/10.1177/2158244013510303.

Arends I., Almansa J., Stansfeld S. A., Amick B. C., Van Der Klink J. J. L., Bültmann U. (2019): One-year trajectories of mental health and work outcomes post return to work in patients with common mental disorders. Journal of Affective Disorders. 257. 263 270. https://doi.org/10.1016/j.jad.2019.07.018.

BIBB/BAuA (2012): BIBB/BAuA-Erwerbstätigenbefragung 2012. https://www.baua.de/DE/Angebote/Publikationen/Praxis/A99.pdf?__blob=publicationFile.

BusinessNZ (2013) Wellness in the Workplace: Survey Report 2013. Wellington NZ: BusinessNZ.

Confederation of British Industry (2011): Healthy returns? Absence and workplace health survey 2011. London. UK: Author.

Canadian Standards Association Group (2020): Work Disability Management System Standard (CSA Z1011). Toronto. ON: Author.

Degener Th. (2003): »Behinderung neu denken«. Disability Studies als wissenschaftliche Disziplin in Deutschland. In: Herrmes G. und Köbsell S. (Hrsg.): Disability Studies in Deutschland – Behinderung neu denken! Dokumentation der Sommeruni 2003. Kassel. Bifos. S. 23–26.

Degener Th. (2015): Die UN-Behindertenrechtskonvention – ein neues Verständnis von Behinderung. In: Degener Th. und Diehl E. (Hrsg.): Handbuch Behindertenrechtskonvention. Teilhabe als Menschenrecht – Inklusion als gesellschaftliche Aufgabe. Bundeszentrale für politische Bildung. Bonn 2015. S. 55–74.

Deutsche Akademie für Rehabilitation e. V. (Hrsg.) (2009): Stellungnahme der wissenschaftlichen Fachgruppe RehaFuture zur Zukunft der beruflichen Rehabilitation in Deutschland. Im Auftrag des Bundesministeriums für Arbeit und Soziales. Bonn. Mai 2009.

Dyck D. and Arnold I. (2017): Disability Management: theory, strategy and industry practice 6th Edition. LexisNexis.

Eurofound (2012): Fifth European Working Conditions Survey. Publications Office of the European Union. Luxembourg.

© Der/die Herausgeber bzw. der/die Autor(en), exklusiv lizenziert durch Springer Fachmedien Wiesbaden GmbH, ein Teil von Springer Nature 2021
A. Rosken, *Disability Management,* essentials,
https://doi.org/10.1007/978-3-658-33334-8

Eurofund (2017): Sixth European Working Conditions Survey. Overview report (2017 update). Publications Office of the European Union. Luxembourg.

Flach T., Hetzel C., Mozdzanowski M. and Schian H-M. (2006): Standard des betrieblichen Eingliederungsmanagements und dessen Auditierung. Rehabilitation (Stuttg). 45(5): 316–321.

Galvin D. (1986): Employer-Based Disability Management and Rehabilitation Programs. In: Pan E.L. et al. (Eds) Annual Review of Rehabilitation. New York: Springer.

Geisen T. (2015): Workplace Integration Through Disability Management. In: Escorpizo R., Brage S., Homa D., Stucki G. (eds): Handbook of Vocational Rehabilitation and Disability Evaluation. Handbooks in Health, Work, and Disability. Springer, Cham.

Geisen Th., Lichtenauer A. et al. (2008): Disability Management in Unternehmen in der Schweiz. Bericht im Rahmen des mehrjährigen Forschungsprogramms zu Invalidität und Behinderung (FoP-IV) Beiträge zur Sozialen Sicherheit. [Bern: BSV]. Forschungsbericht Nr. 03/08.

Gensby U., Labriola M., Irvin E. et al. (2014): A Classification of Components of Workplace Disability Management Programs. Results from a Systematic Review. Journal of Occupational Rehabilitation. 24. (2004) 220–241.

Gold C., Bräunling St., Köster M. (2009): Kriterien guter Praxis in der Gesundheitsförderung bei Arbeitslosen und sozial Benachteiligten. In: Hollederer A. (Hrsg.): Gesundheit von Arbeitslosen fördern! Ein Handbuch für Wissenschaft und Praxis. 1. Edition. Frankfurt/M. S. 112–124.

Habeck R., Hunt H. A., Head C., Kregel J. and Chan F. (2010): Employee Retention and Integrated Disability Management Practices as Demand Side Factors. Journal of Occupational Rehabilitation. 20(4): 443–455.

Habeck R. and Hunt H. A. (1999). Disability Management Perspectives: Developing Accommodating Work Environments Through Disability Management. American Rehabilitation, 25(1): 18–25.

Harder H. and Scott L.R. (2005): Comprehensive Disability Management. London. UK: Elsevier.

Harder H.G. und Scott L.R. (Hrsg.) (2009): Umfassendes Disability Management. Luzern.

Hunt H.A., Habeck R.V. et al. (1996): Disability and Work. Lessons from the Private Sector. P. 245–272. In: Mashaw J.L. et al. (1996): Disability, Work, and Cash Benefits. Kalamazoo. MI: W.E. Upjohn Institute for Employment Research.

Hollederer A. (Hrsg.) (2009): Gesundheit von Arbeitslosen fördern! Ein Handbuch für Wissenschaft und Praxis. 1. Edition. Frankfurt/M.

Ilmarinen J. und Tempel J. (2003): Erhaltung, Förderung und Entwicklung der Arbeitsfähigkeit. Konzepte und Forschungsergebnisse aus Finnland. In: Badura B., Schellschmidt H., Vetter C. (eds): Demographischer Wandel: Herausforderung für die betriebliche Personal- und Gesundheitspolitik. Fehlzeiten-Report, vol 2002. Springer, Berlin, Heidelberg. https://doi.org/10.1007/978-3-642-59351-2_7. S. 85–99.

Ilmarinen J. (2011): Arbeitsfähigkeit in der Zukunft. In: Giesert M. (Hrsg.): Arbeitsfähigkeit in der Zukunft. Willkommen im Haus der Arbeitsfähigkeit! Hamburg: VSA Verlag. S. 20–29.

International Labour Organisation (2002): Managing Disability in the Workplace. ILO Code of Practice. Geneva. CH: Author.

International Social Security Association (2013): ISSA Return to Work and Reintegration Guidelines. Geneva. CH: Author.

Jahoda M. (1983): Wieviel Arbeit braucht der Mensch? Arbeit und Arbeitslosigkeit im 20. Jahrhundert. Weinheim. Beltz.

Jetha A., Yanar B., Lay A. and Mustard C. (2019): Work Disability Management Communication Bottlenecks Within Large and Complex Public Service Organizations: A Sociotechnical Systems Study. Journal of Occupational Rehabilitation. 29. 754–763.

Kirschner W. und Elkeles T. (2006): Eine aktuelle Bestandsaufnahme von deutschen Projekten zur Gesundheitsförderung von Arbeitslosen. Probleme, Forschungs- und Entwicklungsbedarfe. In: Hollederer A. und Brand H. (Hrsg.): Arbeitslosigkeit, Gesundheit und Krankheit. Bern. Hans Huber. S. 97–112.

Loisel P., Durand M-J., Berthelette D., Vézina N., Baril R., Gagnon D., Larivière C. and Tremblay C. (2001): Disability Prevention. Disease Management and Health Outcomes. 9: 351–360.

McAnaney D. and Wynne R. (2017): Approaches to Occupational Rehabilitation and Return to Work in Four Jurisdictions: A Cross-National Analysis from the Perspective of the ISSA Guidelines on Return to Work and Reintegration. International Journal of Disability Management. 12, e2.

Murphy G. and Foreman P. (1993): General patterns of managerial approaches to work motivation: Implications for rehabilitation professionals involved in occupational rehabilitation. Journal of Occupational Rehabilitation. 3: 51–62.

Murphy G. C. and O'Hare M. A. (2011): The Role of Workplace Social Support in Disability Management. In: Harder H. and Geisen Th. (Eds.): Disability Management and Workplace Integration. Surrey. UK: Gower Publishing Limited.

National Institute of Disability Management and Research (2003): Disability Management in the Workplace: A Guide to Establishing a Joint Workplace Program. 2nd Edition. Port Alberni. BC: Author.

Pristley M. (2003): Disability. A life course approach. Cambridge. United Kingdom. 2003.

Randall C. and Buys N. (2011): Using Action Research to Develop Effective Disability Management Programs. In: Harder H. and Geisen Th. (Eds.): Disability Management and Workplace Integration. Surry. UK: Gower Publishing Limited.

Rathgeb K. (Hrsg.) (2012): Disability Studies. Kritische Perspektiven für die Arbeit am Sozialen. VS Verlag Wiesbaden.

Ratdke R. (2020): https://de.statista.com/statistik/daten/studie/241373/umfrage/haeufigste-berufskrankheiten-in-deutschland-nach-anzeigen-und-anerkennungen.

Rosken A. (2010): Diversity Management in Organisationen. OSC. 17. Jg. Band 17. Heft 2. Juni 2010. VS Verlag. Wiesbaden.

Rosken A. (2011): Diversity erfolgreich implementieren. Personalmagazin. Heft 1. Januar 2011. Haufe Lexware Verlag. Freiburg.

Rosken A. (2014): Persönliches Konstrukt zur Handlungskompetenz. Internes Arbeitspapier. Unveröffentlicht.

Rosken A. (2015): Inklusion – Profession – Kooperation Überlegungen zur Gestaltung „inklusionsgeleiteter" Professionen am Beispiel der Disability und Diversity Studies. Impulse für einen interdisziplinären Diskurs. In: Bäuml-Roßnagl M.-A., Berner St., Bliemetsrieder S., Molitor M. (2015) (Hrsg.): Inklusion im interdisziplinären Diskurs. Band 2. Soziale Vernetzung und gesellschaftlicher Auftrag. München. S. 35–48.

Rosken A. (2016): Konzept Diversity Management – Definition, Abgrenzung und Beurteilung. In: Genkova P. und Ringeisen T. (2016) (Hrsg.): Handbuch Diversity Kompetenz. Springer Verlag Heidelberg. S. 61–73.

Rosken A. (2017/18): Lebensphasenorientiertes Personalmanagement – ein Zukunftstrend? Neue Denkansätze unter Hinzuziehung einer partizipatorischen Forschungshaltung: In DGFP (Hrsg.): Zeitschrift für Personalführung. Ausgabe 12.2017–1.2018. Frankfurt.

Rosken A. (Hrsg.) (2020): Stärken- und lebensphasenorientiertes Personalmanagement. Multiperspektivische Entwicklung eines Optimierungsmodells für die Praxis. Springer Gabler Verlag. Wiesbaden.

Scully S. M., Habeck R. V., Leahy M. J. (1999): Knowledge and skill areas associated with disability management practice for rehabilitation counselors: Rehabilitation Counseling Bulletin Vol 43(1) Win 1999. 20–29.

Shrey D. and Lacerte M. (1997): Principles and Practices of Disability Management in Industry. Boca Raton. CRC Press LLC.

Shrey D. (2000): Worksite Disability Management Model for Effective Return-to-Work Planning. Occupational Medicine. 15(4): 789–801.

Shrey D.E. and Hursh N.C. (1999): Workplace Disability Management. International Trends and Perspectives. J Occup Rehabil 9. 45–59 (1999). https://doi.org/10.1023/A:102139343 2243.

Sozialgesetzbuch IX (2020): https://www.sozialgesetzbuch-sgb.de/sgbix/1.html.

Statistik Austria (2008) (2014): https://pic.statistik.at/web_de/statistiken/index.html.

Statistisches Bundesamt (2020): DiStatis. https://www.destatis.de/DE/Themen/Gesellschaft-Umwelt/Gesundheit/Behinderte-Menschen/_inhalt.html.

Tate D., Habeck R. and Galvin D. (1986): Disability Management: Origins, Concepts and Principles for Practice. Journal of Applied Rehabilitation Counseling. 17(3): 5–12.

UN-BRK (2020): https://www.behindertenrechtskonvention.info.

Wagner S., Nicholas Buys N. Yu, I., Geisen T., Harder H., Randall C., Fraess-Phillips, Howe C. (2017): International employee perspectives on disability management. Disability and Rehabilitation. Published online.

Waldschmidt A. (Hrsg.) (2003): Kulturwissenschaftliche Perspektiven der Disability Studies. Tagungsdokumentation. Kassel. Bifos.

Waldschmidt A. und Schneider W. (Hrsg.) (2007): Disability Studies. Kultursoziologie und Soziologie der Behinderung. Erkundungen in einem neuen Forschungsfeld. Transcript Verlag. Bielefeld.

Waldschmidt A. (2014): Macht der Differenz: Perspektiven der Disability Studies auf Diversität, Intersektionalität und soziale Ungleichheit. Soziale Probleme. 25(2). 173–193. https://nbn-resolving.org/urn:nbn:de:0168-ssoar-447968.

World Health Organization (Hrsg.) (2011): World Report on Disability. Malta.

Printed in the United States
by Baker & Taylor Publisher Services